샐러드를
좋아하는
사자

SARADA ZUKI NO RAION_ MURAKAMI RAJIO 3
by Haruki Murakami

Copyright ⓒ Haruki Murakami, 2012
Illustrations ⓒ Ayumi Ohashi, 2012
All rights reserved.

Originally Published in Japan by Magazine House, Tokyo.
This Korean edition was published by Viche,
an imprint of Gimm-Young Publishers, Inc., in 2013
by arrangement with Haruki Murakami, Japan
through THE SAKAI AGENCY and IMPRIMA KOREA AGENCY.

샐러드를 좋아하는 사자_세번째 무라카미 라디오

1판 1쇄 발행 2013년 5월 3일 **1판 13쇄 발행** 2025년 6월 26일
지은이 무라카미 하루키 **옮긴이** 권남희
펴낸이 박강휘
편집 장선정 **디자인** 정지현

발행처 김영사
주소 경기도 파주시 문발로 197(문발동) 우편번호 10881
등록 1979년 5월 17일(제406-2003-036호)
구입 문의 전화 031)955-3200 **팩스** 031)955-3111
편집부 전화 02)3668-3295 **팩스** 02)745-4827 **전자우편** literature@gimmyoung.com
비채 블로그 blog.naver.com/viche_books
트위터 @vichebook **인스타그램** @drviche @viche_editors

ISBN 979-11-85014-01-2 03830 책값은 뒤표지에 있습니다.

이 책의 한국어판 저작권은 사카이 에이전시와 임프리마 코리아 에이전시를 통해 저작권자와 독점계약한 비채가 소유합니다. 저작권법에 의해 한국 내에서 보호를 받는 저작물이므로 무단전재와 무단복제를 금합니다.

비채는 김영사의 문학 브랜드입니다.

샐러드를 좋아하는 사자

오하시 아유미 그림 · 권남희 옮김

무라카미 하루키

세번째 무라카미 라디오

비채

차례

첫머리에　무라카미 하루키　9

잊히지 않는다, 기억나지 않는다　12
불테리어밖에 본 적 없다　16
사랑은 가도　20
진정한 남자가 되기 위해서는　24
오페라 가수의 샴고양이　28
단두대를 기다리면서　32
오믈렛을 만들자　36
재판소에 가자　40
슈퍼 샐러드를 먹고 싶다　44
헌욕獻欲 수첩　48
죽도록 지루한 대화　52
팁은 어렵다　56
모릅니다, 알지 못합니다　60
쇤브룬 동물원의 사자　64
이 곡을 들으면　68

내가 좋아하는 가방 72

아, 난감하네, 자, 어떡하지 76

일단 소설을 쓰고 있지만 80

선물하는 사람, 받는 사람 84

재즈는 듣습니까? 88

짧은 점쟁이 경력 92

블루리본 맥주가 있는 광경 96

바위에 스며들다 100

이른바 신주쿠 역 장치 104

미안하네, 루트비히 108

즐거운 철인3종 경기 112

자, 여행을 떠나자 116

가을을 툭툭 차며 120

그런가, 좀처럼 잘 안 되네 124

자신의 몸으로 실험한 사람들 128

컬러풀한 편집자들 132

내가 죽었을 때는 136

많은 사람 앞에서 140

낮잠의 달인 144

뭉크가 들은 것 148

개도 걸으면　152

컵에 반　156

2등이면 안 되는 건가?　160

고양이에게 이름을 지어주는 것은　164

말이 없는 편입니까?　168

애욕의 뿌리랄까　172

높은 곳이 고역　176

가난해 보이는가　180

말도 안 되는 거리, 험한 길　184

신호대기 중의 양치질　188

이런 방법으로 죽는 것만은　192

워싱턴D.C.의 호텔에서　196

상상 속에서 본 것　200

젖은 바닥은 미끄러진다　204

끔찍한 것과 비참한 것　208

제일 맛있는 토마토　212

야자수 문제　216

후기　오하시 아유미　221

첫머리에

    여기에 실린 글은 한 편만 제외하고 잡지 〈앙앙anan〉의 연재 에세이 '무라카미 라디오'에 쓴 것입니다. 일 년 동안 잡지에 연재한 것(약 오십 편)을 모으니 거의 자동적으로 한 권의 책이 완성되더군요. 그리고 이 책이 그 시리즈 세번째 책이 됩니다.
    어째서 〈앙앙〉인가, 왜 〈앙앙〉이 아니면 안 되는가, 곧잘 사람들에게 질문을 받습니다. 한 이십 년 동안 다른 잡지에서는 에세이를 연재한 적이 없기 때문이겠죠. 그런데 그런 식으로 대놓고 질문을 하면 나도 어떻게 대답해야 할지 몰라 몹시 곤혹스럽습니다. 어째서 〈앙앙〉인지 솔직히 나도 잘 모릅니다. "아아, 뭐 이런저런 사정이 있어서요" 같은 말밖에 할 수 없습니다. 사실은 사정이라고 할 만한 특별한 것도 없습니다만.
    그러나 세상 사람들이 수상하게 생각하는 것도 모르는 바 아닙니다. 〈앙앙〉 독자 대부분이 젊은 여성이고, 나는 상당히 수준이 높은 아저씨여서 양자 사이에 공통된 화제 따위 거의 존재하지 않(을 것이)기 때문이겠죠. 그렇죠?

하지만 차라리 '공통된 화제 따위 없다'고 마음먹으면 되레 쓰고 싶은 것을 편하게 쓸 수 있다는 사실을 어느 시점에 깨달았습니다. 상대가 어떻게 생각할까 같은 건 차치하고 내가 쓰고 싶은 것을, 내가 재미있다고 느낀 것을, 자유롭고 즐겁게 줄줄 써나가면 그걸로 되지 않을까 하고. 아니, 그렇게 하는 것 말고 내가 할 수 있는 일이 없지 않을까, 그런 배짱이 생겼습니다.

만약 나 같은 아저씨가 아저씨 대상 잡지에 연재 에세이를 쓴다면, 이내 그 '아저씨 동류성'을 의식하고 글을 쓸지도 모르니, 그건 정말 재미없는 결과를 초래할지도 모릅니다. 그런 의미에서 〈앙앙〉은 내게 아주 편안한 작업장이라고 할 수 있습니다.

물론 〈앙앙〉 독자가 내가 쓰는 글에 대해 실제로 어떻게 느끼고 계신지, 거기까지는 나도 잘 모릅니다. 만약 "이 아저씨는 무슨 소리 하는지도 모르겠고 완전 시시해. 종이가 아깝다니까"라고 생각하셨다면 이 자리를 빌려 사과드립니다. 나 자신은 상당히 재미있고 즐겁게 썼습니다만, 미안합니다.

생각해보면 내가 스무 살 무렵, 우리 집에는 〈앙앙〉이나 〈헤이본 펀치〉 같은 책이 늘 쌓여 있었습니다. 그 당시는 나도 물론 아주 젊을 때라 머리도 길게 기르고 있었고, 내가 언젠가 늙다리 아저씨가 되리라곤 생각지도 못했습니다. 그리고 오하시 아유미 씨는 당시 〈헤이본 펀치〉 표지를 그리며, 〈앙앙〉에 에세이를 쓰고 있었습니다. 그런 잡지에 언제부턴가 내가 연재 에세이를 맡고 오하시 씨가 삽화를 그려주다니, 뭔가 몹시 신기한 기분입니다.

어쨌든 오하시 씨와 매주 일을 함께하는 것은 내게 아주 큰 기쁨이었습니다. 나이를 먹는 것도 그리 나쁘지 않구나, 그런 느낌도 들었습니다. 물론 그렇게 좋은 일만 있는 건 아닙니다만.

내게 이 연재를 흔쾌히 계속해서 맡겨준 〈앙앙〉 편집부 여러분, 그리고 그 세월을 아마 참을성 있게 받아주었을 독자 여러분께 깊이 감사드립니다.

무라카미 하루키

잊히지 않는다, 기억나지 않는다

이런 연재를 하고 있으면 "매주 용케도 쓸거리가 있군요. 화제가 떨어져서 곤란한 적은 없습니까?"라는 질문을 종종 받는다.

내 경우, 얘깃거리가 없어서 곤란한 일은 일단 없다. 연재를 시작하기 전에 대충 오십 개 정도 토픽을 준비해두기 때문에 거기서 '이번에는 이걸로 가자' 하고 적당히 골라 글을 쓴다. 물론 날마다 생활 속에서 새로운 화제가 자연스레 생겨나니 그것들도 목록에 덧붙인다. 그래서 '하아, 이번 주에는 뭘 쓰면 좋을까' 하고 고민한 기억이 없다.

다만 '그래, 이것도 써야지' 하고 새로운 토픽이 떠오르는 것은 어째선지 꼭 잠들기 직전일 때가 많아서, 그것이 내게는 약간 문제다.

물론 생각났을 때 바로 메모해두면 좋겠지만, 졸리기도 하고(졸리지 않은 밤은 내게 샐러드를 좋아하는 사자 만큼이나 드물다), 베갯머리에 필기구 같은 건 두지 않기 때문에, 아, 됐어, 하고 그대로 잠들어버린다. 그리고 다음 날 아침 눈을 떴을 때는 무얼 쓸 생각이었는지 까맣게 잊어버린다. '잠들기 전에 뭔가 생각났는데'라는 것

밖에 기억나지 않는다. 기억은 부드러운 수렁 속에 푹 잠겨 있다. 그것이 무엇인지 생각해내는 것은 그 삼 개월 뒤일 때도 있고 끝내 생각해내지 못해 지금까지 수렁 속에 묻힌 채로인 것도 있다.

잘 몰라서 그런데, 어째서 잠들기 전에 꼭 그렇게 애깃거리가 떠오르는 걸까? 에세이뿐만 아니라, '음, 이걸로 소설을 쓰자'라고 생각한 것도 이내 지워진다. 그렇게 해서 묻혀버린 아이디어를 전부 모으면 한 권의 독립된 책이 나올지도 모른다.

프랑스 작곡가 베를리오즈는 꿈속에서 교향곡을 하나 작곡했다. 아침에 눈을 떴을 때, 제1악장 세부까지 고스란히 기억났다. 회심작이야, 그는 생각했다. 대단하다, 자는 동안 작곡을 하다니. '야호! 이건 기억날 때 얼른 그려둬야지' 하고 그는 바로 책상 앞에 앉아 악보를 줄줄 그리기 시작했다. 그런데 퍼뜩 떠오르는 게 있었다. 베를리오즈의 아내는 그때 큰 병을 앓고 있어서 치료에 막대한 돈이 필요했다. 잡지에 평론을 기고하여 원고료를 벌어야 한다. 교향곡 같은 건 쓰기 시작하면 완성할 때까지 시간이 한참 걸려 그 기간에 다른 일을 할 수 없다. 약값도 댈 수 없다.

그래서 그는 할 수 없이 그 교향곡을 잊어버리기로 했지만, 멜로디는 끈질기게 뇌리에서 떠나지 않았다. 그래도 마음을 무섭게 먹고 열심히 기억을 지우려고 애썼다. 그리고 어느 날, 그 음악은 드디어 그의 곁을 떠났다……는 얘기다. 유감이다. 그렇게 해서 베를리오즈의 (아마도) 걸작 한 편이 음악사에서 영원히 사라져버렸다.

그렇게 생각하면 나처럼 기억하려고 애쓰지만 까맣게 잊어버리는 편이, 잊히지 않는 것을 억지로 잊으려 하는 것보다 정신건강상 좋을지도 모른다. 그렇다고 자꾸 잊어버려도 좋다는 건 물론 아니지만.

 '다카타노바바' 신주쿠 구의 동네명 와 '하다카노바바' '알몸의 할머니'라는 뜻는 잘못 듣기 쉽지 않나요? 아닌가?

불테리어밖에 본 적 없다

　서머싯 몸의 단편소설에 상습 결혼사기범인 남자가 등장하는 얘기가 있다. 해변의 휴양지에서 노처녀를 유혹하여 열한 번이나 중혼한 남자다. 교도소에도 다녀왔다. 남자의 외모는 이런 식으로 묘사되고 있다.
　'그는 슬픈 눈길로 자신의 구두를 바라보았다. 이것 역시 대대적인 수선을 요하는 낡은 구두였다. 그는 길고 살점이 별로 없는 코에 옅은 하늘색 눈을 가진, 시든 듯한 자그마한 남자였다. 피부색은 나쁘고 주름이 많아 쭈글쭈글했다. 나이가 몇 살인지 도무지 짐작이 가지 않는다. 서른 정도로도 예순 정도로도 보인다. 튀지 않는다는 것을 제외하고 내세울 거라곤 아무것도 없는 남자였다. 가난한 사람이란 건 분명했지만, 의외로 차림새는 단정했다.'
　그런 빈상의 남자가 어떻게 그렇게 많은 여성을 유혹할 수 있었는지 화자인 작가는 고개를 갸웃거리며 그 의문을 얘기한다. 남자는 말한다. "여자란 잘생긴 남자한테 끌리지만, 막상 결혼하게 되면 외모 따위 아무래도 상관없죠. 당신은 작가인 주제에 여자를 통 모

르는군요. 한 사람하고만 결혼한 탓입니다. 태어나서 불테리어밖에 본 적 없다면, 개에 대해 무얼 안다고 할 수 있겠어요?"

나도 아직 한 여성하고밖에 결혼한 적이 없어서 '불테리어밖에 본 적 없는' 무지몽매한 일인이긴 하지만, 그래도 나 나름대로 뻔뻔하게 전반적인 여성에 대해 오랜 세월 품어온 설이 한 가지 있다. 그것은 '여성은 화내고 싶은 건이 있어서 화내는 게 아니라, 화내고 싶을 때가 있어서 화낸다'라는 것이다.

남자가 화낼 경우, 거기에는 대개 '이러이러해서 화난다'는 줄거리가 있다(그것이 적절한지 어떤지는 둘째 치고). 그러나 여자는 내가 본 바, 대부분의 경우 그렇지 않다. 평소에는 특별히 눈초리를 추켜올리지 않고 온화하게 넘기던 일도 하필 화나는 시기에 걸려버리면 화를 낸다. 그것도 아주 진지하게 화를 낸다. 말하자면 '지뢰를 밟은' 것이다.

신혼 초에는 무슨 일이 일어났는지 전혀 이해하지 못했지만, 횟수를 거듭하는 동안 "그렇구나, 그런 거구나" 하고 대충 그 구조를 알게 됐다. 상대가 화를 내면 방어는 단단히 하되, 얌전히 샌드백이 되는 수밖에 없다. 자연재해에 정면으로 맞서봐야 어차피 이길 승산이 없기 때문이다. 현명한 뱃사공처럼 그저 목을 움츠리고 뭔가 다른 생각을 하며 무지막지한 태풍이 지나기를 기다린다.

  바람이 그치면 슬슬 머리를 치켜들고 신중하게 주위 상태를 살핀다. 그리고 사태가 일단락된 것 같으면 이제 원래의 내 페이스로 돌아와 "훙훙" 콧노래를 부르며 적당히 있으면 된다. 그러나 머잖아 어엇, 심상찮은걸, 또 머리 위에 불길한 먹구름이……가 된다.

  그런 되풀이를 계속해서 인생에 무언가 발전은 있느냐고 물으신다면 곤란하지만, 어쨌건 그것이 내가 불테리어를 경유해서 배운 무사평온한 공동생활을 위한 현실적 지혜입니다. 아마 다들 마찬가지로 살고 있……지 않습니까?

 한조몬 선 오시아게 역과 시부야 역을 연결하는 노선을 탈 때마다 '오시아게에 가야 할 텐데'라고 생각합니다. 어떤 곳일까.

사랑은   가도

'친절심'이라는 말이 있다. 운치 있는 말이지만 외국어로는 옮기기 어렵다. '그는 친절하다'라는 표현과 '그에게는 친절심이 있다'라는 표현의 차이를 외국인에게 설명하려 했지만, 제대로 못한 적이 있다. 알기 쉽게 설명해도 "좀 다른걸" 싶은 뉘앙스의 차이가 남는다.

친절심이라는 말을 들으면 생각나는 이가 있는데, 아를랑 윌리엄스라는 미국사람이다. 직업은 은행 감사관으로 마흔여섯 살에 세상을 떠났다. 직접 만난 적은 없지만.

1982년 1월에 워싱턴D.C.에서 에어 플로리다 항공기가 한파의 악천후 속에 포토맥 강에 추락했다. 충격으로 승객 대부분이 목숨을 잃었지만, 여섯 명이 물 위로 떠올랐다. 윌리엄스 씨도 그중 한 사람이었다. 구조용 헬리콥터가 기운이 다해가는 그의 옆에 밧줄을 내렸지만, 윌리엄스 씨는 옆에 있는 스튜어디스에게 차례를 양보했다. 헬리콥터는 잠시 후 되돌아와 다시 밧줄을 내렸으나, 그는 또 다른 여성에게 차례를 양보했다. 저녁 무렵의 혹한에 수면이 얼

어붙기 시작했고, 헬리콥터가 다시 돌아왔을 때 그곳에는 이미 윌리엄스 씨의 모습은 보이지 않았다. 차가운 수온을 견디지 못했던 것이다. 강에 떠 있던 여섯 명 가운데 돌아오지 않은 단 한 사람이 되었다.

 윌리엄스 씨의 사후 그의 선행을 기려 사고현장 근처의 다리는 '아를랑 윌리엄스 교'라고 개명되었다. 그의 영웅적인 행동에 전세계가 감동했다. 나도 물론 감동했다. 하지만 개인적인 생각인데, 그것은 영웅적이라기보다 오히려 친절심 문제이지 않았을까. 윌리엄스 씨는 자신이 아무리 쇠약해 있어도, 위기 상황에 있어도, 옆에 여성이 있으면 반드시 "먼저 하시죠. 나는 다음에도 괜찮으니" 하는 사람이지 않았을까. 그것은 그의 일상적이고 습관적인 행동이지 않았을까. 물론 그렇다고 해서 그의 숭고함이 감해지는 건 아니지만.

 나는 도저히 그렇게까지 영웅 같은 일은 할 수 없을 것 같지만,

그래도 글을 쓸 때는 되도록 독자에게 친절해야지, 하고 없는 지혜를 짜 힘을 다하고 있다. 에세이든 소설이든 문장을 쓸 때 친절심은 대단히 중요한 요소다. 되도록이면 상대가 읽기 쉬우면서도 이해하기 쉽게 써야 한다. 그런데 실제로 시도해보면 알겠지만 그렇게 간단한 일이 아니다. 알기 쉬운 문장을 쓰기 위해서는 먼저 자신의 생각을 깔끔하게 정돈하고, 거기에 맞는 적절한 말을 골라야 한다. 시간도 들고 품도 든다. 얼마간의 재능도 필요하다. 적당한 곳에서 "그만 됐어" 내던지고 싶을 때도 있다.

그럴 때 나는 윌리엄스 씨를 생각한다. 맹렬한 눈보라 속, 얼음 섞인 포토맥 강에 잠기면서 주위 여성에게 "먼저 가세요"라는 말을 계속하는 친절심에 비하면 책상 앞에서 팔짱을 끼고 바른 말을 찾는 것쯤 별것 아니라고 생각한다. 당연한 말이지만.

커트 보네거트의 소설에 '사랑은 가도 친절은 남는다'는 말이 있다. 이것도 아주 멋있죠.

 야쓰가시라톤의 한 품종를 까먹으면서 위스키를 마시는 것이 왠지 좋습니다.

진정한   남자가   되기   위해서는

어니스트 헤밍웨이는 어느 곳에선가 이렇게 썼다.
'진정한 남자가 되기 위해서는 네 가지를 이루어야 한다. 나무를 심는다, 투우를 한다, 책을 쓴다, 그리고 아들을 낳는다.'
내 얘기를 하자면 책은 지금까지 몇 권 썼지만, 다른 세 가지는 아직 한 적이 없다. 앞으로도 아마 하지 못할 것 같다. 어쩐지 진정한 남자가 되지 못한 채 어두컴컴하게 인생을 마칠 것 같은 분위기다. 곤란하다(안 곤란한가?). 그러나 아무리 그래도 투우 같은 건 보통 사람이 못하죠.
취재차 도호쿠 지방의 목장을 방문했을 때 그곳에서 진짜 황소를 처음 보았는데, 장난이 아니라 정말 무서웠다. 그때까지는 오페라 〈카르멘〉을 볼 때마다 투우사 에스카밀리오를 '경박하고 불쾌한 놈'이라고 생각했다. 그런데 새까맣고 거대한 황소를 직접 보고는 이런 녀석과 정면으로 맞서 싸우다니, 에스카밀리오를 존경하지 않을 수 없었다. 나는 도저히 흉내도 낼 수 없다.
황소는 어쨌든 큰 덩치에 날카로운 뿔이 있고 눈초리가 사납다.

성질도 거칠고 걸핏하면 벌컥 성을 내며 곧장 달려든다. 사람 중에도 더러 그런 타입이 있지만 힘도 속도도 황소한테는 한참 미치지 못한다.

목장 사람에게 "왜 뿔을 자르지 않습니까? 위험하지 않아요?" 물었더니 "뿔이 있는 편이 오히려 안전해요"라고 했다. 소가 정면에서 돌진해오며 벽으로 밀어붙일 때 뿔과 뿔 사이로 몸을 피하면 불상사를 막을 수 있다. 그런데 뿔이 없는 녀석이라면 딱딱한 이마에 받혀 내장이 납작하게 터져버릴 수도 있다.

우리는 목장이라고 하면 이내 '목가적'이라는 말을 떠올리지만 실제로는 뜻밖에 혹독한 일터였다.

미국 유타 주의 시골에 사는 지인을 방문한 적이 있다. 그 집 아이들과 함께 근처를 드라이브하다 큰 목장 앞을 지나게 되었다. 맥도널드 체인이 직접 경영하는 목장인지 입구에 예의 커다란 M 마크 간판이 서 있었다. 많은 소들이 방목되어 봄 햇살 아래 맛있게 풀을 뜯어먹고 있었다. 평화로운 풍경이다. 그때 남자아이 하나가 창밖으로 얼굴을 내밀고 소들을 향해 소리쳤다. "야, 다음에는 내가 너희를 먹어줄 테다!"

그런 발상은 일본인에게는 일단 없다. 가엾게도 저렇게 한가로이 풀을 뜯고 있다가 머잖아 죽어서 햄버거가 되는구나 하고 동정하는 것이 일반적인 일본인의 멘탈리티가 아닐까. 미국인은 역시 육식계구나, 가벼운 충격을 받고 일본으로 돌아왔다.

그리고 어느 날 수족관에 갔더니 단체로 온 아주머니들이 수조를 헤엄치고 다니는 커다란 참치 떼를 보며 "어머나, 맛있겠다" "한 마리 가져가고 싶네" 하고 큰 소리로 떠들고 있었다. 금방이라도 침을 흘릴 것 같았다. 유타 주에서 온 사람이 그런 광경을 본다면 분명 가벼운 충격을 받을 테지. 새삼스럽지만 세상은 정말로 다양하다.

 육식녀, 초식남은 있는데 어식 아주머니는 없나요?

오페라 가수의 샴고양이

시칠리아에서 한 달 정도 산 적이 있다. 팔레르모 시내의 단기임대 아파트를 구해 그곳에서 소설을 썼다. 같은 층에 소프라노 가수도 머물고 있었다. 근처에 멋진 가극장이 있는데 그곳에서 공연하는 사람 같았다. 어째서 소프라노 가수란 걸 알았는가 하면 매일 오전에 높은 소리로 발성연습을 하기 때문이다.

이 가수는 암컷 샴고양이를 키웠다. 아마 고양이와 함께 각지의 오페라하우스를 도는 것 같았다. 아침의 "아아아아아" 하는 연습이 시작되면, 그 고양이는 "또 시작이냐" 하는 얼굴로 꼬리를 세우고 집을 도망쳐나왔다. 사람을 잘 따르는 편인지 불렀더니 우리 집으로 쏙 들어왔다. 마침 내 고양이를 일본에 두고 와 외롭던 참이어서 곧잘 녀석과 놀았다.

한참 뒤 발성연습이 끝나면 고양이는 "아아, 드디어 끝났네" 하는 느낌으로 기지개를 켠 다음 제 집으로 돌아갔다. 분명 발성연습 소리가 싫었던 게다. 그 마음은 모르지 않는다. 아리아라면 몰라도 그저 음계를 높였다 내렸다만 하면 듣는 쪽은 그리 즐겁지 않다. 고

양이도 그 차이를 알는지 모른다. 아니면 소프라노 주파수가 고양이 귀에 괴로운 것일까. 만약 그렇다면 소프라노 가수와 함께 사는 고양이는 가엾다.

동물이 음악을 이해할 수 있는가, 하는 것은 어려운 문제로 세간에는 다양한 설이 있다. 나는 지금까지 많은 고양이를 키웠지만 특정 음악을 애호하는 고양이는 아직 만난 적이 없다. 예를 들어 레드 제플린을 틀면 도망가고, 모차르트를 틀면 돌아오는 고양이는 한 마리도 없었다는 말이다. 음악은 시각時刻 관념과 마찬가지로 사람 이외의 동물은 (적어도 고양이는) 감수할 수 없는 것이 아닐까 생각한다.

나는 옛날부터 음악을 좋아해서 음악 없이는 살아갈 수 없을 정도지만, 그러나 그만큼 또 귀에 거슬리는 음악을 견디지 못하는 체질이 되어버렸다.

옛날에 볼일이 있어서 하라주쿠의 패션빌딩 '라포레'에 간 적이 있다. 플로어를 걷고 있는데 오른쪽 가게에서 홀&오츠의 〈아이 캔트 고 포 댓〉이 나오고, 왼쪽 가게에서 스티비 원더의 〈파트타임 러버〉가 흘러나와, 그것이 마침맞게 내 양 귀에서 딱 부딪쳤다. 각각의 노래는 나쁘지 않지만, 두 곡이 한데 섞이니 불쾌한 소음에 지나지 않았다. 신경에 사포질을 하는 것 같아 머리가 떨어져나가는 줄 알았다. 그것이 트라우마가 되어(정말로), 그후 하라주쿠 쪽에는 좀처럼 발을 들이지 않는다.

지금 시부야의 센터 가街 근처에서도 대체로 비슷한 사태가—음악의 경향은 물론 상당히 변화했지만— 일상적으로 일어나고 있다. 특히 그 대형 텔레비전 화면에서 흘러나온 소리가 도로 위에서 섞이는 것은 거의 고문에 가깝다. 그러나 둘러본 바, 주위에는 머리가 떨어져나간 사람은 없는 것 같다. 특별히 별 이상은 없는 걸까요?

나는 그 팔레르모의 샴고양이처럼 꼬리를 꼿꼿하게 세우고 어딘가 멀리 조용한 곳으로 가버리고 싶어지던데.

 오페라 〈마적〉에서 동물 탈을 쓰고 피리에 맞춰 춤을 추는 것, 뭔가 즐거워 보이더군요.

단두대를   기다리면서

펭귄에서 나오는 《타임아웃 필름 가이드》라는 두꺼운 책이 있다. 영국의 정보지 〈타임아웃〉이 펴내는 영화 가이드북으로, 매년 신판이 나오는데 내가 갖고 있는 버전에는 약 일만삼천 편이나 되는 동서고금의 영화가 소개되어 있다.

이 책이 여타의 영화 가이드와 다른 것은 너무나 영국적이랄까, 작품 선택이 남다르다는 점이다. 내가 본 적도 들은 적도 없는 영화를 상당히 많이 소개하고 있다. 좀 독특한 B급 영화도 많고 그런 영화의 줄거리와 솔직하면서도 간결한 평이 곁들여 있어 훌훌 페이지만 넘겨도 시간 보내기에 아주 좋다.

'와, 이런 영화가 있었구나. 기회가 있으면 보고 싶네'라고 생각해도, 그런 유의 마이너 작품은 일본에 개봉되지 않은 것이 많고, DVD도 잘 출시되지 않는다. 한 예를 들자면,《떠돌이 사형집행인The Traveling Executioner》이라는 영화가 있다. 감독은 잭 스마이트, 주연은 스테이시 키치, 1970년에 제작되었다.

때는 1918년, 키치가 연기하는 주인공은 포터블 전기의자(어떤

것일까?)를 갖고 미국 남부를 돌고 있다. 어딘가에서 사형이 정해 졌다는 소식을 들으면 바로 가서 전기의자를 회당 일백 달러에 대여하고 처형을 담당한다. 그런데 어느 날 처음으로 여자 사형수(마리아나 힐)를 만난다. 그리고—대충 상상은 되겠지만— 그녀와 사랑에 빠진다. 영화 소개는 거기까지다. 자, 그다음은 대체 어떻게 됐을까? 볼 방법이 없으니 호기심은 더욱 커져간다.

사형집행인이라 하면 파트리스 르콩트가 감독한 〈길로틴 트래지디〉라는 영화가 있다. 캐나다 근처 프랑스령의 작은 섬, 생 피엘에서 살인사건이 일어나고 범인은 사형을 선고받는다. 그러나 섬에는 단두대가 없어 본국 프랑스에서 가져와야만 했다. 그것이 도착할 때까지 사형수는 주민을 위해 노동을 하는데, 그러는 동안 그는 지난날을 참회하고 정상적인 인간으로 변모해간다. 섬사람들도 그에게 호의를 갖게 되어 술기운에 저지른 실수이니 사형까지는 필요 없지 않느냐고 여기기 시작한다. 사형수를 돌보는 장교 부인(쥘리에트 비노슈)은 그에게 연정까지 품는다. 그러나 그러던 어느 날, 단두대를 실은 배가 섬에 나타나…….

비디오로 거기까지 보고는 일 때문에 이 주 정도 일본을 떠나게 되었다. 바빠서 결말을 볼 시간이 없었다. 그래서 여행하는 동안, 그뒤에 어떻게 됐는지 궁금하기 짝이 없었다. 그다음 이야기를 나름대로 상상하기도 했다. 그러다 일본에 돌아와 드디어 계속해서 다음을 볼 수 있었다. 자, 그 사형수는 어떻게 됐을까?

그런데 어떻게 됐는지 잘 기억이 나지 않는다. 이렇게 됐을까? 저렇게 됐을까? 여러 가능성을 머릿속으로 너무 많이 생각한 탓에 진짜 결말이 어땠는지 헷갈려서 알 수 없게 되었다. 으음, 어떻게 됐더라?

 '고양이에게 진주' '돼지에게 금화'라고 하면 안 되는 걸까요?

오믈렛을   만들자

요즘 거의 매일 아침 오믈렛을 만든다. 오래전부터 오믈렛을 확실하게 마스터하고 싶다고 생각했지만, 좀처럼 시간이 나지 않아 시작하지 못했다. 그런데 장편소설을 다 쓰고 어느 정도 여유도 생겼고, 음, 이제 슬슬 해야지, 하고 마음먹게 되었다. 뭐, 그렇게까지 대단한 일도 아니지만.

그래서 한 달 정도 하다보니 점점 실력이 늘었다. 구운 색감도 예쁘고 속은 부드러우며 얌전하게 싼 오믈렛을 완성할 수 있게 되었다. 아직 예술의 경지에는 못 미치지만.

내 오믈렛 스승은 무라카미 노부오 씨다. 이미 세상을 떠났지만 데이코쿠 호텔에서 오랜 세월 셰프로 지냈다. 그렇다고 직접 조리법을 전수받은 것은 아니다. 그 옛날 텔레비전 프로그램에서 무라카미 씨가 오믈렛을 척척 만드는 것을 보고 그 빠른 손놀림과 완성된 오믈렛의 아름다움에 감동해서, 그때 '좋아, 언젠가 나도 저런 식으로 오믈렛을 만들고 말겠어!' 하고 결심했었다.

무라카미 셰프에 따르면 오믈렛을 잘 만들기 위한 가장 중요한

포인트는 오믈렛용 프라이팬을 확보하는 것이라고 한다. 무쇠 프라이팬(지름 40센티미터)을 사서 잘 달군 다음 방청제를 살짝 넣고 깨끗이 씻는다. 제일 먼저 튀김에 사용하고 다음으로는 볶음에 사용하여 기름을 충분히 먹인 뒤 오믈렛 전용 프라이팬으로 삼는다. 일단 '오믈렛용'이라고 정하면 다른 용도로는 일절 사용하지 않는다.

실제로 해보면 알겠지만, 이 상태로 만들기까지 들여야 하는 시간과 수고가 상당하다. 새 프라이팬은 좀처럼 오믈렛을 만드는 데에 협조해주지 않는다. 그런 프라이팬을 달래고 어르고 칭찬하고 협박해서, 간신히 내 것으로 만든다. 일단 내 것이 된 뒤에도 사용 후 관리에 세심한 주의를 기울여야 한다. 조금만 얼룩이 남아도 달걀은 삐쳐서 예쁘게 미끄러져주지 않는다. 꽤 까다롭다. 생각해보면 고작 아침밥 반찬인데.

내가 생각한 오믈렛 만들기에 가장 적합한 타이밍은 역시 섹스한 다음 날 아침이다. 침대에는 아직 여자친구가 자고 있고, 남자가 티셔츠와 헐렁한 사각팬티 차림으로 주방에 서서 물을 끓여 커피를 준비한다. 그 근사한 향에 여자친구가 눈을 뜬다. "아무것도 없어서 미안한데, 시금치 오믈렛이라도 괜찮다면 만들어줄까?" 남자는 말하며 가스불을 켜서 프라이팬에 버터를 녹이고 별거 아니란 듯이 오믈렛을 척척 만들어 접시에 담는다. 여자친구는 남성용 스트라이프 면셔츠 바람으로, 나른한 듯 침대에서 나온다. 아직 졸리지만 오믈렛은 제법 맛있을 것 같다. 새로운 아침 해가 주방 이곳저곳을 눈부시게 비추고, FM 라디오에서는 슈베르트의 〈아르페지오네 소나타〉가 흐른다. 대충 이런 광경이다.

그래서 당신은 그런 경험을 한 적이 있느냐고?

물론 없다. 있으면 좋을지도……라고 생각할 뿐.

 무지개 끝자락을 본 적 있습니까? 나는 있습니다. 상당히 신기하더군요.

재판소에 가자

배심원을 해본 적이 있으신지? 나는 아직 없습니다.

미국에 있을 때, 이따금 배심원 소환장을 받았다. 미국 시민권을 갖지 않은 사람은 배심원이 될 수 없으므로 그때마다 거절 이유를 써서 서류를 반송했지만, 몇 번이나 그런 통지가 온 걸 보면 미국 시민은 상당히 자주 배심원의 의무를 다하고 있는 것 같다. "귀찮지, 시간 뺏기지, 미치겠어요" 하고 투덜거리는 사람도 적지 않았지만.

일본에서도 배심원 제도에 대해 찬반양론이 있지만, 나는 기본적으로는 좋은 일이라고 생각한다. 배심원 제도가 도입되기 이전에 자주 재판을 방청했었기 때문에 하는 말이다. 아직 실제 재판을 본 적이 없는 분은 한번 견학해봐도 좋을 것이다. 텔레비전 드라마의 재판과는 사뭇 다르다. 내가 몇 건의 재판을 보고 개인적으로 절실하게 느낀 점은 '무슨 일이 있어도 형사재판에 회부되는 사태만은 피해야지' 하는 것이었다.

직접 보면 알겠지만, 현행 재판 제도는 아주 완전하다고 하기는

어렵다. 판사나 검사나 변호사 중에는 우수하고 고결할 것 같은 분도 계시지만, 한편 "이녀석 돌팔이 아냐?" "좀더 상식이 필요한 거 아냐?" 하고 고개를 갸웃하게 되는 사람도 간혹 보인다. 재판에서 운 나쁘게 그런 판사를 만나면 그것은 이미 비극일 수밖에 없다. 그래서 나는 되도록 법을 거스르지 않으려고 애쓴다. 마약도 하지 않고 음주운전도 하지 않는다. 아니아니, 진짜로.

평소 같으면 법원 같은 데 갈 일 없는 일반 시민이 배심원으로 뽑혀 재판에 참가하게 되고, 그 실태를 지켜보며 나처럼 '피고석만큼은 앉지 않도록 해야지' 하는 결의를 다지게 된다면 그것은 사회적으로 건전한 일이라고 생각한다. 그만큼 범죄도 줄어들 테고.

단, 배심원에게 사형 판결까지 맡기는 현행 시스템에는 약간의 의문을 느낀다. 일반 시민에게 구체적인 양형까지 결정하게 하는 것은 좀 잔인하지 않은가 하고.

여기에 한 사람의 피고가 있다. 스물한 살의 남성으로 무직, 세타가야 구의 한 주택에 침입하여 그집 모녀를 식칼로 찔러 죽였다. 아이는 다섯 살이었다. 범행 당시 남자는 일종의 노이로제 상태였다. 본인은 유죄를 인정하고 지금은 자신의 행동을 후회하고 있다.

(사례 A) 혼자된 그집 아버지는 눈물로 배심원에게 호소한다. "이렇게 잔인한 범죄는 없습니다. 나는 인생에서 가장 소중한 두 사람을 빼앗겨버렸습니다. 부디 범인을 사형시켜주십시오. 저런 인간은 세상을 살 가치가 없습니다."

(사례 B) 혼자된 그집 아버지는 눈물로 배심원에게 호소한다. "이렇게 잔인한 범죄는 없습니다. 나는 인생에서 가장 소중한 두 사람을 빼앗겨버렸습니다. 그러나 부디 범인을 사형시키지는 말아주십시오. 더는 누군가의 죽음을 보고 싶지 않습니다."

당신이 배심원이라면 각각의 사례에 어떤 판결을 선택하겠습니까? 만약 A와 B에 다른 판결을 내린다면 형벌의 윤리성이며 필연성, 그런 것은 어디에 있을지. 이건 아주 어려운 문제이지 않습니까?

 미국 TV판 〈우주소년 아톰〉의 주제가 〈아스트로 보이〉를 들으면서 달리면 힘이 솟습니다.

슈퍼 샐러드를 먹고 싶다

  십 년쯤 전에 미카 카우리스마키(아키 카우리스마키의 형)가 감독한 〈지도 없는 L.A.〉라는 영화가 있었다. 영국의 작은 마을에서 장의사를 하던 각본가 지망생 청년이 미국에서 온 신인 배우를 사랑하여 모든 것을 버리고 할리우드까지 그녀를 쫓아가는데, 그곳에서 여러 가지 황당한 일에 맞닥뜨린다. 좀 희한한, 오프비트 코미디였다. 핀란드인 감독은 할리우드 문화를 철저하게 조롱했다.
  그중에 레스토랑 웨이트리스가 주문을 받으면서 "슈퍼 샐러드?" 하고 질문하는 장면이 있다. 청년은 "그게 좋겠네요. 슈퍼 샐러드 주세요"라고 하지만, 웨이트리스는 언짢은 얼굴로 "슈퍼 샐러드!" 하고 빠른 말로 되풀이할 뿐이다. 청년은 "그러니까 그 슈퍼 샐러드를 달라고요"라고 하지만 도통 얘기가 통하지 않았다.
  요컨대 그녀가 말하고 싶었던 것은 "Soup or Salad(수프나 샐러드 중에 어느 걸 드시겠어요)?"였다. 그걸 빠르게 말하니 영국인 귀에도 '슈퍼 샐러드'로 들렸다. 이 장면이 흥미로웠다. 나도 미국의 레스토랑에서 몇 번이나 같은 경우를 당했다. 정말로 언짢다는

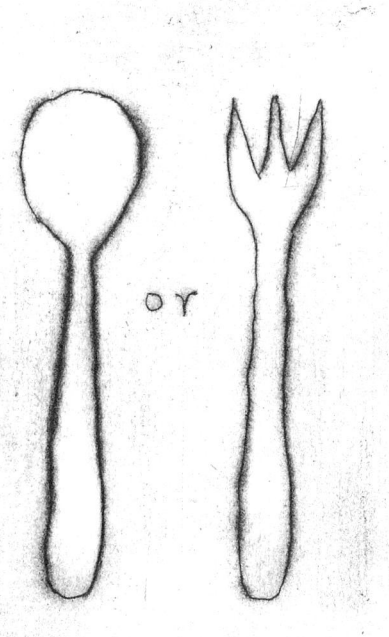

듯이 빠르게 말해버린다.

나는 채소를 좋아해 매일 대량의 샐러드를 먹는다. 세숫대야 크기의 그릇에 수북이 담아 우적우적 먹는다. 처음 본 사람들은 다들 기겁한다. "이거 정말 혼자 다 먹을 수 있어요?" 물론이다. 실제로 깨끗이 먹어치우면 더욱 놀란다. 누굴 놀래기 위해 먹는 건 아니지만.

그래서 만약 어느 레스토랑 메뉴에 '슈퍼 샐러드'라는 것이 정말로 있다면 나는 틀림없이 주문할 것이다. 그런데 과연 어떤 샐러드가 나올는지?

'슈퍼 샐러드'라 할 만큼 대단한 것은 아니지만, 전에 호놀룰루의 할레쿨라니 호텔 수영장 근처의 레스토랑 'HWAK(House Without a Key)'에서 아주 훌륭한 샐러드를 만났다. 마노아 레터스와 쿠라 토마토와 마우이 어니언을 넣었을 뿐인 단순한 샐러드였지만 맛있어서 늘 점심으로 먹었다. 따뜻한 롤빵과 이 샐러드—그리고 차가운 맥주—가 있으면 더는 아무것도 필요 없다.

마우이 어니언은 쓴맛이 없는 단 양파로 그냥 아작아작 날것으로 먹을 수 있다. 다만 가격이 보통 양파에 비해 비싸고 하와이 이외에는 구하기 힘들다. 프랭크 시나트라도 하와이를 방문했을 때 이 양파의 팬이 되어 본토에서 주문해 먹었다고 한다.

그런데 무슨 이유인지 HWAK의 메뉴에서 이 사랑스러운 샐러드가 사라져 그후로 나는 상당한 불편을 겪었다. 물론 나를 행복하게 해줄 목적으로 호텔이 운영되거나 세상이 돌아가는 건 아니어서 불평할 거리는 아니겠지만…….

 '알과 나'라는 가게 앞을 지날 때 배란기가 걱정되는 것은 혹시 나뿐인지?

헌옥   수첩

나는 헬스장에서 몸 움직이는 걸 좋아해서 자주 가는데, 그곳에 있는 에너지를 발전發電하는 데 유효하게 쓰면 어떨까, 늘 이런 생각을 한다.

예를 들어 사람들이 열 대 정도 나란히 있는 고정식 바이크 머신에서 열심히 페달을 밟고 있는 걸 보면 이걸 발전하는 데 이용하면 좋겠다는 생각이 든다. 물론 원자력발전에 비하면 미미한 열량이겠지만, 그래도 번갈아가며 많은 기구를 필사적으로 밟고 있으니, 사거리 신호등 전력 정도는 감당할 수 있지 않을까? 이집트 피라미드도 거의 인력으로 만들었으니 한 사람의 힘도 많이 모으면 절대 무시할 게 못 된다.

그래서 '헌혈 수첩'과 마찬가지로 '에너지 수첩' 같은 걸 만드는 것이다. 길모퉁이에 바이크 머신을 늘어놓고 자원봉사자가 페달을 밟아 발전을 하게 한다. 그리고 "예, 수고했습니다. 당신의 오늘 헌獻에너지는 2000칼로리입니다" 하고, 2000포인트 스탬프를 찍어준다. 포인트가 쌓이면 기념품 같은 것을 준다. 그런 시스템을 만들면

발전 자원봉사에 지원하는 사람이 상당히 많아질 거라고 생각한다. 에너지 부족도 조금은 해소되고, 피트니스 역할도 하고, 덕분에 사람들은 건강해지고 의료보험 부담도 준다. 누이 좋고 매부 좋지 않은가? 나도 분명 길모퉁이에서 열심히 봉사할 것이다.

이 '헌에너지' 시스템을 전부터 주장하고 있건만 아무도 귀를 기울여주지 않는다. 내 주장은 어째서 이렇게도 일일이 사람들에게 가볍게 무시되는지.

이것도 요전에 한가할 때 문득 생각한 건데 남아도는 성욕 같은 것도 유효하게 이용할 수 있지 않을까. 성욕 역시 하나의 훌륭한 에너지니까 이걸 그냥 쓸모없이 버리는 것은 아깝다.

예를 들어 건강한 남자 고등학생이 '헌욕 수첩'을 만들어 '헌욕 센터'에 찾아간다. 그리고 "요즘 성욕이 남아돌아서 헌욕하고 싶은데요"라고 한다. 예쁜 간호사 누나는 "예, 고맙습니다. 얼른 도와드릴게요" 하고 성욕이 그 자리에서 전력화되도록 (시스템은 잘 모르겠지만) 한다. 마지막으로 그 와트 수만큼 '헌욕 수첩'에 포인트를 가산한다. 아주 괜찮은 시스템이라고 생각하지 않는지? 이것으로 하절기 전력난도 무난히 극복할 수 있을지 모른다. 나도 기꺼이 협력할…… 수 있으려나.

　내가 하고 싶은 말은 만약 원자력발전이 없어지면 현실적으로 여러 가지 불편한 점이 있겠지만, 그래도 모두 열심히 지혜를 짜면 혹은 힘을 모으면 어떻게든 되지 않을까, 하는 것이다. 나는 전형적인 문과형 인간이어서 기술적인 문제는 잘 모르지만, 그래도 지혜를 짜는 것은 문과 이과 상관이 없다. 그런 마음이 사회적으로 확실히만 있다면 길은 저절로 열릴 거라고 나는 생각한다.
　그런 기회가 있다면, 이라는 전제가 필요하지만 다음에 '헌욕 수첩' 보여주기로들 하죠.

 심심할 때 곧잘 러브호텔 이름을 생각합니다. '나름대로' 같은 것 괜찮지 않나.

죽도록 지루한 대화

여행작가이자 소설가인 폴 서루가 버스와 열차와 배를 갈아타며 이집트 카이로에서 남아공 케이프타운까지 반년에 걸쳐 아프리카 대륙을 종단한 여행기 《아프리카 방랑》은 기가 막히게 재미있는 책으로, "이야, 잘도 이런!" 하고 감탄하면서 단숨에 다 읽어버렸다. 나도 지금까지 꽤 위험한 여행을 해왔지만, 그런 여행은 도저히 흉내낼 수 없다.

폴은 육십대 중반임에도 장신에 다부진 체격의 소유자로, 이따금 만나 얘기를 나누는 사이다. "이런 힘든 여행을 하면서 잘도 버티네요"라고 하면, "이 정도쯤이야 별거 아니죠"라며 아무것도 아니라는 듯이 대답한다. 한없이 터프한 사람이다. 지금까지 세계 각지에서 다양한 병에 걸려 "완전히 병원체의 샘플 수첩 같죠, 하하하"라고 했다. 그런데 특별히 일상생활에 불편은 없는 것 같다.

이 《아프리카 방랑》 속에 재미있는 에피소드가 있다. 폴은 동아프리카의 어느 나라를 여행하고 있었다. 참으로 살벌한 지역이어서 오락거리도 없고 볼거리도 없고, 마을에서 영어를 할 줄 아는 사

람 하나 만나지 못했다. 시간이 남아돌아 진절머리가 나던 참에 한 일본인을 만났다. 일본 기업에서 파견 나온 기술자로 영어를 상당히 잘했다. 폴은 기뻐하며 대화를 시작했지만, 이내 상대가 말도 안 되게 지루한 사람이라는 사실을 깨닫는다. 얘기가 틀에 박혀 있다고 할까, 조금도 깊이가 없다. 그는 이러느니 혼자 벽 보고 있는 편이 차라리 낫겠다고 생각한다.

뭔가 그 정경이 눈에 떠오른다. 지루한 대화는 때로 고문에 가깝다.

*

내가 처음 해외에 나간 것은 삼십대 중반에 들어섰을 무렵으로 당연히 외국어는 잘하지 못했다. 십대라면 그곳에 있기만 해도 공기를 빨아들이듯 저절로 말을 습득하겠지만, 어느 정도 나이가 들면 아무래도 한계가 있다. 그래서 지금도 원어민처럼 유창한 대화는 무리다. 한 시간 정도 얘기하면 사용하지 않던 근육을 사용해서 그런지 턱이 점점 아파온다.

그런데 그래서 뭔가 불편을 느끼는가 하면 딱히 그런 일은 없다. 영어는 지금 영미인을 위한 언어라기보다 링구아 프랑카(세계 공통어) 쪽 기능이 오히려 크기 때문에, 극단적으로 말해 '의미가 통하면 그걸로 오케이'라는 식이 된다. 그렇게 되면 중요한 것은 '유창하게 얘기하는' 것보다 '상대에게 전할 내용을 자신이 얼마만큼 제대로 파악하는가' 하는 것이다. 요컨대 아무리 유창해도 의미가 불명확하거나 무미건조하면 아무도 상대해주지 않는다. 내 영어는 유창하지 않지만, 의견만은 (문자 그대로) 팔아도 될 정도로 많이 갖고 있다보니 상대는 나름대로 귀를 기울여주는 것 같다.

영어를 '회사 내 통용어'로 삼으려는 일본 기업도 있는 것 같은데, 뭐, 그것도 중요하겠지만 동시에 '자신의 의견'을 가질 수 있는 사람을 육성하는 것이 더 중요하지 않을까 싶다. 그 점을 놓치면 세계 어딘가에서 또 서루 씨 같은 가엾은 희생자가 나오게 된다.

 요전에 모 호텔 수영장에서 문득 옆을 보았더니, 해적 차림의 조니 뎁이 쉬고 있었습니다. 아직 속편이 있는 건가?

팁은   어렵다

해외여행을 할 때 골치아픈 것은 역시 팁 문제다. 아시다시피 일본에서는 팁을 주는 습관이 일상적이지 않아서 좀처럼 이것이 자연스럽게 되지 않는다.

게다가 나라에 따라 장소에 따라 팁 액수며 건네는 법이 각각 달라 그걸 파악하는 것도 쉽지 않다. 여행 가이드북에는 '여기서는 이 정도 주는(주지 않는) 것이 타당합니다'라고 쓰여 있지만, 막상 현지에 가보면 '뭐? 얘기가 전혀 다르잖아' 하는 일이 종종 있다. 별로 믿을 게 못 된다.

그럼 어떻게 하면 좋은가? 솔직히 말해 '이렇게 하면 된다'는 정답은 없다. 그 원리를 세계적으로 일반화하기에는 팁 문제가 너무 복잡하다. '서브프라임 문제'나 '소립자론'에 지지 않을 정도로 까다롭다. 다만 내 개인적인 경험으로 보면 사소한 것은 생각하지 않고(생각해도 소용없다), '대충 이 정도겠지' 하고 넘겨짚어서 주는 것이 가장 좋은 방법 같다. 요령은 어쨌든 자신감을 갖고 팁을 주는 것이다. 떨면 안 된다. 상대의 눈을 보고 빙그레 웃으며 "네, 고마워

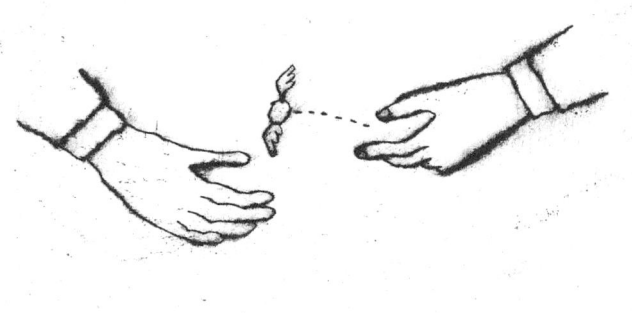

요" 하고 스스럼없이 건네야 한다.

짐 나르는 데 도움을 받았을 때는 적당한 액수의 동전을 미리 주머니에 준비해두었다가 얼른 손을 집어넣어 별다른 확인 절차 없이 꺼내준다. 그런 기세가 상당히 중요하다. 일일이 돈을 세어본 뒤 건네면 분위기가 무거워진다. 팁이라는 것은 기본적으로 기분 문제이니 자신감을 갖고 자연스럽게 꺼내 자연스럽게 건넨다. 그것밖에 없다. 액수가 타당한가 어떤가는 잘 모르겠지만, 이쪽이 외국인이니까 그런 점은 너그럽게 봐줄 수밖에 없다.

다만 내 경우, 한번은 오른쪽 주머니와 왼쪽 주머니를 혼동해서 팁을 너무 많이 준 적이 있다. 상대는 몹시 기뻐했지만, 일단 건네고 나면 "아, 잘못 줬는데 다시 주세요"라는 말은 하기 어려우니 그런 일이 없도록 충분히 주의해야 한다.

해외여행이란 것은 그러잖아도 힘들다. 팁 같은 것 좀 없으면 좋을 텐데, 라는 생각을 종종 한다. 그런 점에서 일본은 편하고 좋다.

그런데 관점을 조금 바꾸어 생각해보면 팁이라는 것은 실제로 눈에 보이는 형태로 이쪽에서 저쪽으로 돈이 이동하는 것이니 이해하기 쉽다면 쉽다. 어떤 의미에서는 인간적이라고도 할 수 있다. 내가 실수로 팁을 너무 많이 준 호텔 종업원은 그 돈으로 자식에게 케이크를 사주었을지도 모른다. "오늘 일본인 손님에게 팁을 넉넉히 받아서 아빠가 선물을 사왔다"라면서.

　거기에 비해 우리가 강제적으로 내는 소비세나 서비스료가 어디로 흘러들어가서 어떤 식으로 쓰이는지, 아마 전문가도 정확히 파악하지 못하지 않을까. 그렇게 생각해보면 어느 쪽이 이치에 맞는 건지 쉽게 결정하기 힘든 부분이다. 어쨌든 팁 문제는 이렇게 어렵다. 가까운 미래에 해외여행을 계획하고 있는 당신, 부디 잘 극복하시길.

 ♪ '책을 판다면 북오프' 하는 CM송 멜로디가 귀에서 떠나질 않네요. 어떻게 좀 해주세요.

모릅니다, 알지 못합니다

    소설가가 되길 잘했다고 생각하는 이유는 날마다 출퇴근을 하지 않아도 되고 회의가 없기 때문이다. 이 두 가지가 없는 것만으로 인생의 시간은 대폭 절약된다. 세상에는 혹시 통근과 회의를 몹시 좋아하는 사람이 있을지도 모르지만, 나는 그렇지 않다. 당신도 아마 그렇지 않죠?
    한 가지 더 소설가가 된 기쁨을 절실히 느낄 때는 솔직하게 "모릅니다"라고 말할 수 있을 때다. 예를 들면 "장래 일본 산업 구조를 세련화해야 한다는 것은 무슨 뜻인가요?"라든가, "포스트모더니즘의 기본정신이 뭐라고 생각하시는지요?" 하고 누군가 질문해도, "죄송합니다. 그런 건 난 모릅니다" 한마디로 끝낸다.
    만약 내가 텔레비전 방송 패널이나 대학교수였다면, 그렇게 간단히 "모릅니다"라고 할 수 없을 것이다. 무엇을 물어도 일단은 그럴듯하게 대답하지 않으면 입장이 난처해진다. 그러나 소설가에게—뭐, 나 같은 소설가에게라는 말이지만— 무지는 특별히 부끄러운 게 아니다. 아무것도 몰라도 소설만 재미있게 쓰면 그걸로 그

만이다. 심지어 "그런 것 하아아나도 몰라요" 하고 자랑하는 것도 가능하다. 이런 자세가 통하는 직업은 아마 좀처럼 없지 않을까?

이건 뭐랄까, 정말로 좋다. 내가 모르는 것을 까놓고 "모릅니다"라고 말할 수 있는 것만큼 편한 일도 없다. 그것만으로 수명이 오 년 반 정도 늘어날 것 같다.

*

소설을 한 편 완성하여 편집부에 넘기면 담당 편집자가 원고를 체크한다. 그때 지적하는 것은 대체로 어휘의 그릇된 사용과 내용상의 오류인데, 그 체크된 교정지를 보면 자신이 얼마나 세계의 사상事象에 대해 무지했는지, 얼마나 엉성하고 부정확한 지식을 갖고 살아왔는지를 절실히 깨닫게 된다. 자랑하듯 '모릅니다'를 선언하는 나지만 개중에는 몹시 부끄러워지는 실수도 있다. 그래도 뭐 어쩔 수 없지, 세상의 지식이나 정보를 일일이 성실하게 머리에 넣어

둔다면, 그것만으로도 이미 바빠서 중요한 일은 아무것도 할 수 없게 된다. 그렇게 생각하고 시침을 떼고 있다.

그렇지만 이런 나도 옛날에는 그렇지 않았다. 중학생 시절, 조금이라도 많은 지식을 익히고 싶어서 백과사전을 처음부터 끝까지 독파한 적도 있다. 그런 무모한 짓을 잘도 했구나 싶지만, 당시는 지식욕이 넘치는 순수한 소년이었던 것이다. 그래서 백과사전을 독파하여 도움이 됐는가 하면, 특별히 도움이 된 건 없는 것 같다. 그때 머리에 넣어둔 것은 전부 어딘가 먼 곳으로 빨려들어가 사라져버렸으니까(그런 지식을 위한 코끼리 무덤 같은 곳이 있는 것 같다).

분명 사람에게 가장 중요한 것은 지식 그 자체가 아니라, 지식을 얻고자 하는 마음과 의욕일 터. 그런 것이 있는 한, 우리는 자신이 자신의 등을 밀어주듯이 앞으로 나아갈 수 있다. 그리고 그 결과, 잘 풀리면 아무것도 몰라요 하고 모르는 것을 '자랑'하는 작가가 될 수도 있다. 인생이란 꽤 복잡하다.

 단두대에 서기 전에 사형수는 목의 털을 깎는다고 합니다. 생각만 해도 끔찍하군요.

쇤브룬   동물원의   사자

　존 어빙의 장편소설《곰 풀어주기》를 번역할 때, 빈의 쇤브룬 동물원을 방문했다. 그 동물원이 이야기의 중요한 무대여서 실제로 어떤 곳인지 내 눈으로 봐두고 싶었기 때문이다. 독일에 간 김에 빈에 들러서 한가롭게 온종일 동물원 구경을 했다.
　옛날부터 나는 동물원과 동굴을 좋아해서 여행하다가 근처에 그런 곳이 있으면 저절로 발이 그쪽을 향한다. 특히 사람이 없는 한산한 동물원을 좋아한다. 한겨울에 눈이 내리고 마른 나뭇가지가 횡횡 울기라도 하면 더없이 이상적이다. 마음 놓고 동물을 구경할 수 있다.
　쇤브룬 동물원은 왕실공원 안에 있다. 본래는 합스부르크가의 왕족과 귀족이 즐기기 위해 만들어진 것으로 창설이 1752년이니까 마리 앙투아네트도 소녀시절에 이곳에서 즐거운 한때를 보냈을지 모른다.
　이십오 년 전에 내가 이곳을 찾았을 때는 꽤 초라한 동물원이었다. 동물도 기운이 없어 보이고 모두 축 늘어져 있었다. 동물을 적

당히 풀어놓았습니다, 흥미 있는 사람이 보든지 말든지 마음대로 하십시오, 같은 분위기였다. 개인적으로 나는 그런 '엉성함'을 꽤 좋아하지만.

그런데 얼마 전 오랜만에 빈에 가서 쇤브룬 동물원에 들렀다가 깜짝 놀랐다. 아름다운 최신식 동물원으로 탈바꿈해 있었다. 판다 며 코알라, 그외에도 진기한 동물이 다 모여 있고 설비도 새롭게 바뀌었다. 관객이 격감하여 '이래선 안 된다' 하고 민간에 운영을 맡겼다고 한다.

다만 그날은 빈에 한파가 덮쳐 관객이 거의 없다시피 했다. 동물원의 사자는 자연에 가까운 환경에 방목되어 주위에는 철창살이 아니라 투명한 플라스틱으로 둘러싸여 있다. 나는 거기에 얼굴을 갖다대고 사자 무리를 구경하고 있는데, 한 마리의 암사자가 뚜벅뚜벅 다가와서 바로 앞에 멈춰서더니 내 얼굴을 빤히 보았다. 즉, 나와 그 사자는 투명한 벽을 사이에 두고 문자 그대로 이마를 맞대고 있었다.

이건 참으로 생각지 못한 체험이었다. 그렇게 가까이서 사자와 마주하다니, 그런 일은 지금까지 한 번도 없었다. 사자도 그날은 방문객이 적어 지루했을지 모른다. 아니면 동양인 소설가에게 암사자의 마음을 끄는 뭔가가 있었을지도 모른다. 그 행동에서 이따금 고양잇과 동물이 보이는 순수한 호기심 같은 것이 엿보였다―적어도 내게는 그렇게 보였다.

어쨌든 서늘한 만추의 오후, 나와 사자는 투명한 칸막이를 사이에 두고 한참 동안 말없이 서로를 바라보았다. 나는 시험 삼아 살짝 웃어봤지만, 사자는 같이 웃어주지 않았다. 사자는 시종 무표정했다. 이윽고 우리는 누가 먼저랄 것도 없이 자리를 떠나 (혹한 속에서 종일 눈싸움하고 있을 수는 없다), 각자의 위치로 돌아갔다.

호텔로 돌아와 거울 앞에 서서 내 얼굴을 들여다보았다. 그러나 별다른 점은 보이지 않았다. 거기 있는 것은 예의 흐리멍덩한 나밖에 없다. 그 암사자는 내 눈동자에서 대체 무엇을 찾고 있었을까?

 사자는 역시 사자 칫솔로 이를 닦을까…… 하는 것은 너무도 무의미한 질문이겠죠.

이   곡을   들으면

    전에 미국에서 지인의 결혼식에 간 적이 있다. 소규모 밴드의 연주를 배경으로 참석자가 거기에 맞춰 춤을 추기도 했다. 나는 그런 유의 춤은 영 서툴러서 추지 않았지만.
    그런데 이상하게도 이 밴드가 매번 테마곡처럼 〈시카고〉라는 오래된 곡을 연주하는 것을 문득 깨달았다. 왜일까? 결혼식이 열린 곳은 뉴욕 주 롱아일랜드이고, 신부도 신랑도 시카고 출신이 아니고…… 고개를 갸웃거리는 동안 퍼뜩 짚이는 게 있었다. 신부의 이름이 지카코 씨였다. 미국인 대부분은 시카고를 '치카아고'라고 발음한다. 그래서 밴드는 발음이 비슷한 〈시카고〉를 세리머니 테마곡으로 삼았다. 그후 〈시카고〉를 들을 때마다 그 결혼식이 생각난다.
    〈시카고〉 외에도 이 지방에서는 이 곡, 하는 유명한 곡이 몇 가지 있다. 예를 들어 샌프란시스코라는 이름을 듣기만 해도 토니 베넷의 〈샌프란시스코에 두고 온 내 마음〉, 랄프 샤론이 연주하는 아름다운 피아노 인트로가 머리에 떠오른다.

요전에 우리 사무실에서 오사카의 호젠지요코초에서 식사한 얘기를 했더니 옆에 있던 경리 담당 호시노 양이 갑자기 "♪식칼 한 자루 무명천에 싸서…… 후지시마 다케오 〈달 속의 호젠지 골목〉"노래를 부르기 시작했다. "시끄러워, 안 불러도 돼" 주의를 줬지만, 이런 건 아무래도 반사적으로 나오는 것 같다. 지명이 의식을 통과해 자동으로 노래와 직결된다. 종종 그런 사람이 있다.

"요전에 하코다테에서 맛있는 임연수를 먹었어" 이런 얘길 하면, 호시노는 분명 "♪아득히 멀리서 왔다네…… 기타지마 사부로 〈하코다테의 여인〉"하고 노래를 부를 것이다. 한번 시험해봐도 좋겠지만 시끄러울 것 같아 아직 시험하진 않았다.

음악이 의식을 통과해서 뭔가에 직결되는 사례는 내게도 있다. 바로 노래가 튀어나올 정도까지는 아니지만, 이를테면 이 곡을 들으면 꼭 이 정경이 머리에 떠오르더라 하는 것이 있다.

내 경우, 사카모토 규의 〈우에오 무이테 아루코(위를 보고 걷자)〉

를 들으면 언제나 북국의 넓디넓은 하늘이 떠오른다. 이십오 년쯤 전, 차로 미네소타 주 북부의 호반지대를 이동하는데, 라디오에서 〈스키야키〉(미국에서는 어째선지 이런 제목으로 발매되었다)가 흘러나왔다. 컨트리록 풍의 노래만 나오던 곳에 갑자기 "♪우에오 무이테(위를 보고)……" 하는 일본어 가사가 들려왔다. 너무 뜻밖이기도 해서 노래가 흘러나오는데 왠지 가슴이 찡해졌다.

키가 큰 침엽수림이 끝없이 이어지고, 그 사이로 이따금 짙은 푸른빛의 호수가 보였다. 하늘은 한없이 높고 한여름인데 날씨는 서늘하고, 공기를 들이마시면 그 깨끗하고 산뜻함에 폐가 짜릿했다. 원래의 노래 가사와는 조금 맞지 않을지도 모르지만, 이 곡을 들으면 내 머리에 떠오르는 것은 아득할 정도로 멀리까지 보이는 맑게 갠 미네소타의 파란 하늘이다.

그런데 생각해보니 일본어 가사로 세계적으로 히트한 노래는 〈우에오 무이테 아루코〉 이후 반세기 가까이 나오지 않고 있다. 한두 곡쯤 더 있어도 좋을 것 같은데.

 오타이산 위장약 이름은 언젠가 세계유산이 될까?
되거나 말거나 상관없는 일이지만.

내가 좋아하는 가방

나는 상당히 여행에 익숙한 사람이라고 생각하지만, 그래도 여행에 딱 맞는 가방을 고르는 것은 늘 어려운 작업이다.

여행가방에서 가장 문제가 되는 것은 내용과 목적이 완전히 같은 여행이 없다는 것이다. 일로 가는 여행인가, 놀러 가는 여행인가, 국내인가 해외인가, 장기인가 단기인가, 둘이 가는가 혼자 가는가, 이동이 많은가 적은가, 노트북을 갖고 가는가 갖고 가지 않는가, 재킷과 넥타이는 필요한가? 각각의 사례마다 짐 내용이 달라지니 그걸 담을 가방도 당연히 달라진다.

어떤 짐이든 부족함 없이 다 들어갑니다, 안심하고 맡겨주십시오—이런 친절한 가방이 있으면 좋겠지만, 그런 게 있을 리 없다. 얘기하자면 길지만, 여행가방에 한해서는 내 인생은 그야말로 시행착오의 연속이었다. 뭐 여자 때문에 시행착오를 계속하는 데 비하면 훨씬 편하고 돈도 들지 않지만.

내 경험으로 보자면 가방이라는 것은 목적과 내용에 맞춰 거기에 딱 맞는 것을 사도 별로 좋은 결과가 나오지 않는 것 같다. 그보

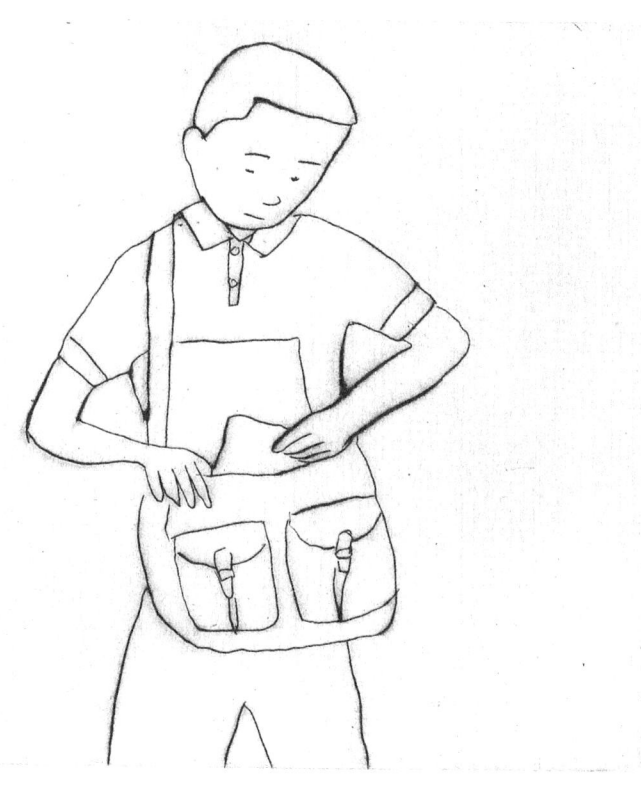

다는 오히려 그냥 무심코 사거나 시간에 쫓겨 적당히 대충대충 고른 것이 의외로 두고두고 보물이 된다.

  내가 오랜 세월 여행 갈 때마다 자주 사용하는 가방은 카우아이 섬 하나레이에서 산 서퍼용 비닐가방. 말도 안 되게 싼값에 임시변통으로 샀지만, 사용해보니 아주 편리하고 가볍고 탄탄해서 자주 들게 된다. 가방이라는 것은 사소한 크기와 재질의 차이로 편리하기도 하고 불편하기도 하다. 실제로 사용해보지 않으면 절대로 모른다.

  미국 메인 주의 작은 항구마을에서 산 라켓 케이스도 벌써 십오 년째 잘 쓰고 있다. 요트 돛으로 만든 물건이다. 원래 스쿼시 라켓을 갖고 다니기 위해 샀지만, 튼튼한 데다 크기가 기내용으로 딱 알맞다. 이것도 저렴했다. 오래 쓰니 아무래도 많이 낡긴 했지만.

  한 개 더, 로마에서 충동구매한 세련된 가죽 숄더백. 이것은 특별히 편리한 건 아니지만 단순하고 디자인이 훌륭하다. 일박짜리 국내 여행에 적절하다. 포터에게 곧잘 "가방이 멋집니다"라는 칭찬을 듣는다. 절대 싸지는 않았지만 이십 년 이상 사용했으니 본전은 건졌다.

　나는 취향상 요즘 유행하는 바퀴달린 소형 슈트케이스를 별로 좋아하지 않는다. 무겁고 덜그럭덜그럭 시끄럽다. 비포장길에서는 도움이 되지 않고 고장도 잦다. 그보다는 내 힘으로 들고 나를 수 있는 끈 달린 간단한 가방을 선호한다. 여행을 수없이 하다보면 약간의 철학이 생겨나는데, '편리한 것은 반드시 어딘가에서 불편해진다'라는 것도 그중 하나다.

　이 원고를 쓰고 있는 지금도 제네바행 짐을 꾸리고 있다. 이번에는 오슬로의 탁구전문점에서 산 스포츠 가방을 들고 간다.

 요즘 진구 구장 메이지진구 야구장의 '진구 하이볼'이라는 음료수를 자주 마십니다.

아, 난감하네, 자, 어떡하지

　지금까지의 인생에서 몇 번이나 "아, 난감하네, 자, 어떡하지?" 하는 상황에 처한 적이 있다. 이십 년쯤 전, 미국 동부 뉴저지 턴파이크에서 차에 기름이 떨어졌을 때가 바로 그랬다.
　나는 그 시절 폴크스바겐의 코라드라는 차를 타고 있었다. 아직 연료계의 특성을 잘 모르는 새 차이다보니 바늘이 E(엠프티)에 가까워져도 '앞으로 조금은 괜찮겠지' 했더니, 고속도로 주행중에 갑자기 털털털 하는 불길한 소리와 함께 시동이 꺼져버렸다. 프린스턴에서 필라델피아까지 혼자 가는 길이었다.
　황급히 갓길에 차를 세웠지만, 당시는 휴대전화가 보급되지 않아 긴급출동차량을 부를 수도 없었다. 근처에 긴급전화도 보이지 않았다. 그러면 철망을 넘어 고속도로 밖으로 나가 어딘가에서 주유소를 찾아 휘발유를 사올 수밖에 없다.
　철망 밖은 휑뎅그렁하니 아무것도 없는 곳이었다. 폐허라고 할 정도는 아니지만 절대 평범한 지역이 아니었다. 큰일났군 생각하면서 한참 길을 걸어가는데 겨우 사람이 보여서 "이 근처에 주유소

없습니까?" 물었더니, "반 마일 정도 가면 한 군데 있습니다"라고 했다. 반 마일을 걸어 그 주유소에서 플라스틱 용기를 하나 사서 거기에 휘발유를 담아 택시를 불렀다. 흑인 택시 운전사에게 사정을 설명하자 "휘발유가 떨어졌군, 기죽지 마쇼. 하하하" 하고 가볍게 웃었다.

그런데 알고 보니 아주 친절한 사람으로 내가 철망을 넘을 때 휘발유가 든 통을 들어올려주는가 하면, 휘발유를 넣고 차의 시동이 제대로 걸릴 때까지 그곳에서 지켜봐주었다. "조심해요. 이제 기름 떨어뜨리지 말고." 운전사는 그렇게 말하고 철망 너머에서 손을 흔들었다. 나도 손을 흔들었다. 그렇게 해서 나는 무사히 필라델피아에 도착할 수 있었다. 그후로 연료계 바늘에 아주 신경질적이 되었다. 그런 경험은 두 번 다시 하고 싶지 않다.

그런데 그때 내가 뼈저리게 느낀 것은 "아아, 나 혼자여서 다행이다"였다. 옆에 아무도 없어서 다행이었다. 물론 낯선 곳에서 혼자 그런 일을 당하니 몹시 불안하긴 했지만, 만약 옆자리에 아내든 여자친구든 있었다면 그 정도로 끝나지 않았을 것이다. 그것이 아내였다면 두 시간쯤은 구시렁거렸을 테고 (두 시간으로 끝나면 그나마 다행), 여자친구라면 설령 말로는 "힘들지?" 하면서 위로해도 속으로는 '진짜 멍청하다니까. 대체 무슨 생각을 하는 거야. 이 사람하고 사귀는 건 잘못된 선택일지도 몰라' 그런 생각을 할지도 모른다. 상상만 해도 식은땀이 흐른다.

지금도 그때 사건을 떠올릴 때마다 '아아, 그때는 정말 혼자여서 다행이었어' 생각한다. 그리고 안도의 한숨을 쉰다. 여자로 살아가는 것도 여러 가지로 힘들겠지만, 남자로 살아가는 것도 여간 혹독한 게 아닙니다.

 필라델피아의 이탈리안 마켓에 괜찮은 중고 레코드 가게가 있었습니다만, 아직 있으려나요.

일단   소설을   쓰고   있지만

나는 벌써 삼십 년 이상 소설을 쓰며 살고 있지만, 작가들과의 교류는 별로 없다. 사진작가나 화가나 음악가, 이런 타분야 사람들과는 남들 못잖게 교류를 하지만 이른바 문예 관계 사람들과는 인연이 별로 없다.

어째서일까 생각해보니, 젊은 시절에 몇 명의 동업자와 만나 별로 유쾌한 기억을 남기지 못한 것이 하나의 원인이 된 것 같다. 물론 몇몇 느낌이 아주 좋은 사람도 있었지만, 아무래도 떠올리고 싶지 않은 불쾌한 경험 쪽이 인간의 마음에 더 깊이 남는 것 같다.

외국 작가들도 꽤 만났는데, 개중에는 머쓱해지는 사례도 있었다. 소설가란, 좀 까다로운 사람도 있게 마련이니까. 그런데 그게 전부터 호의를 가졌던 작가일 경우에는 실망을 피할 수 없다. 그 사람의 책을 읽고 싶은 마음도 사라진다.

그런 이유로 '소설가는 아주 성가시다'는 생각이 언젠가부터 내 안에 뿌리를 내려 그런 유의 사람이 모이는 장소에는 출입하지 않게 되었다. 업계 파티에도 나가지 않고, 문단 바bar에도 가지 않고,

신주쿠 골든 가에는 아직 발을 들이민 적도 없다.

그러나 내가 동업자와 별로 어울리지 않는 가장 큰 이유는 내가 소설가라는 사실에 아직 익숙하지 않기 때문이 아닐까 싶다.

나는 스물아홉 살이 될 때까지 글을 쓰기보다는 매일 육체노동을 했다. 그런데 어느 날 "그래, 소설을 써보자" 결심하고 한밤중에 주방 식탁에 앉아 짧은 소설(같은 것)을 줄줄 써나갔다. 그게 어쩌다 신인상을 받고 뭐가 뭔지 모르는 사이, '작가'라는 것이 돼버렸다.

그래서 그뒤로 삼십여 년이 지난 지금도 여전히 내가 '소설가다'라는 사실에 약간의 불편함(혹은 껄끄러움) 같은 것을 느끼고 있다. 소설을 쓰는 것 자체는 몹시 좋아하고 아무리 봐도 천직이라고 생각하지만, 소설가라는 직책과 사회적 지위에 대해서는 아직 뭔가 익숙하지 않다.

"이야, 무라카미 씨 소설은 날카롭습니다. 잘 읽고 있습니다." 젊은 문예비평가와 그럭저럭 화기애애하게 환담을 나누고 헤어졌는데 다음 달 잡지에는 '무라카미 하루키가 쓰는 소설은 모두 어리석고 열등하고 의지도 한 자락의 재능도 보이지 않는다'라고 나온다(어디까지나 예를 든다면입니다만). 이런 일이 있으면 "이곳은 대체 어떤 세계지?" 하며 고개를 갸웃거리게 된다. 뭐 말하자면 그런 세계지만 별로 내가 좋아하는 종류의 세계는 아니다. 나는 하고 싶은 말이 있으면 큰 소리로 분명히 하고, 아니면 전혀 아무 말도 하지 않는다.

그런데 늘 희한하게 생각하는 것. 언제부터 소설가를 '작가님'이라 부르게 된 걸까? 옛날에는 아무도 그러지 않았다. '채소가게님' '생선가게님' 같은 느낌이다. 뭐 사운드 면에서 편하긴 하지만, 그렇게 불릴 때면 이따금 "아, 예, 예. 어서 옵쇼" 하고 두 손을 비비며 나가야 할 것 같다.

 그러고 보니 가즈오 이시구로 씨는 아주 호감이 가는 작가님이었습니다.

선물하는 사람, 받는 사람

나는 어떤 관점에서 봐도 세련되었다고는 할 수 없으며, 늘 아무 옷만 주워입고 다니지만, 어찌 됐건 모든 옷은 직접 산다. 속옷이며 양말부터 야구모자까지 직접 찾아보고 고른 것이 아니면 왠지 마음이 편치 않다.

생각해보면 옷이라는 것은 소설가의 문체와 비슷할지도 모른다. 남들이 어떻게 생각하든, 비판하든, 그런 건 아무래도 좋다. '이것이 내 말이고 이것이 내 문체다'라고 확신할 수 있는 것을 사용해서 비로소 마음속 무언가를 구체적인 형태로 나타낼 수 있다. 아무리 아름다운 말도, 세련된 표현도, 자신의 감각과 삶의 방식에 어울리지 않으면 그다지 현실적인 도움이 되지 않는다.

그래서 선물받은 옷은 미안하지만 서랍에 박혀 있는 일이 적지 않다. 그것들은 종종 구두점 찍는 법과 형용사 고르는 법이 내 것과 미묘하게 다른 문장 같다. 몸에 걸치면 이상하게도 안정이 되지 않는다. 아내도 그 점을 잘 아는 터라 정말로 간단한 것 말고는 나를 위해 옷을 사오는 일이 없다. 아무 거리낌 없이 자기 옷만 산

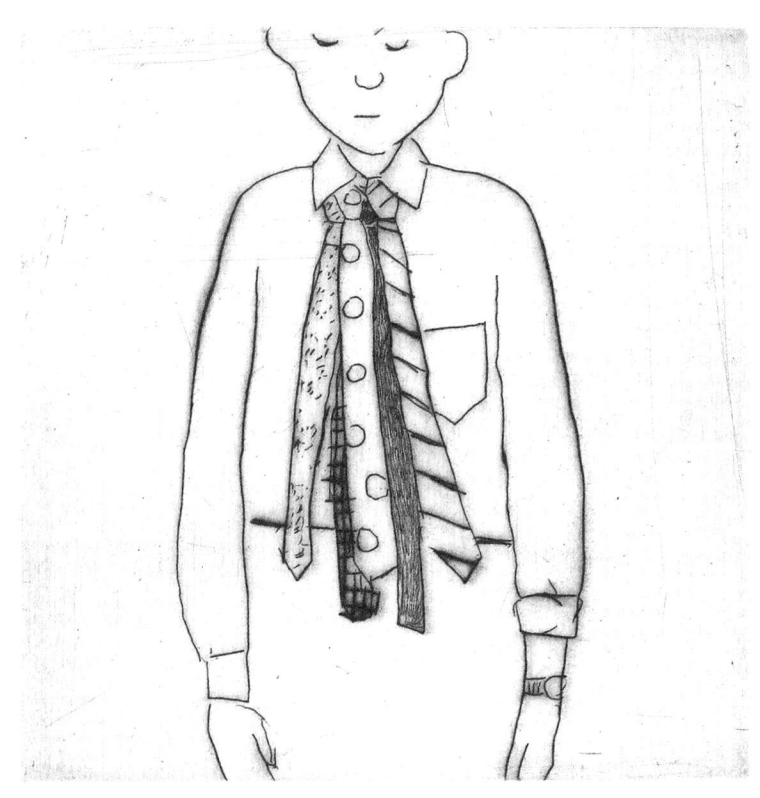

다(좋은 건지 나쁜 건지).

 그런데 세상에는 드물기는 하지만, 타인의 옷을 잘 고르는 사람이 있다. 나는 못하는 일이다. 굉장한걸, 하고 감탄한다. 어떤 일이든 내가 못하는 일을 잘하는 사람에게는 진심으로 감탄하게 된다. 감탄만 하고 발전하는 건 없지만.

 그 한 사람은 안자이 미즈마루 씨로 이 사람은 기회 있을 때마다 내게 선물을 해준다(참말로 친절한 사람이다). 대부분 음식이지만 가끔씩 옷이나 장갑일 때도 있는데 하나같이 세련되고 센스가 있는 아이템이다. 과연 아티스트답다. 미즈마루 씨에게 받은 것은 대체로 마음에 들어서 잘 입고 다닌다. 평소 상대를 잘 관찰했다가 고르는 것이리라. 나는 남자여서 괜찮지만, 만약 여성이고 그런 세심한 배려를 받는다면 마음이 사사삭 움직일지도 모른다. 정말 대책 없는 놈이다(멋대로 하는 상상에 지나지 않지만).

 우리 주위에는 반드시 한두 사람, 선물을 받기보다 선물하는 걸 좋아하는 사람이 있다. 그런 사람이 모두 안목이 좋은 것은 아니지만, 반드시 그렇지 않다고도 할 수 없기 때문에 세상은 적당히 성가셔진다.

선물을 잘 고르는 사람을 보며 느끼는 것인데, 선물을 고를 때 에고가 드러나지 않는다. 대부분의 사람은 '이 옷은 내 마음에 드네'라든가 '이 옷을 그 사람한테 입혀보고 싶네'라는 식으로 자신의 마음이 앞선다. 그런데 잘 고르는 사람은 자연스럽게 상대의 입장에서 상대의 마음이 되어 물건을 고른다. 좀 노골적인 표현일 수도 있지만 분명 선천적인 자질이 아니려나.

개인적인 의견을 한마디하자면 세상에서 가장 고르기 힘든 선물은 넥타이다. 그리고 가장 자주 받는 선물도 넥타이다. 어째서일까?

 팀 로스와 하베이 카이텔과 로버트 드 니로가 같이 출연한 영화가 있었던가? 있었다면 상당히 진할 것 같죠.

재즈는   듣습니까?

최근 밥 먹으러 식당에 가서 자주 생각하는데, 백뮤직으로 재즈가 흘러나오는 곳이 많아졌다. 와인 바나 세련된 카페뿐만이 아니라 일식집이나 국수집에서도 문득 귀를 기울여보면 재즈가 흐르고 있다.

그것도 가게에 들어가자마자 '아, 재즈네' 하고 깨닫는 게 아니라 한참 맥주를 마시거나 식사를 하다가 '그러고 보니 이거 빌 에반스네' 같은 그러고 보니 식의 깨달음이다.

나는 열다섯 살 때 재즈를 만난 이후 그 음악에 빠져서 살아온 사람이지만, 옛날에는 있을 수 없는 일이었다. 재즈가 초밥집 배경음악이 되다니 생각도 하지 못했다. 재즈라는 것은 어쨌거나, 자, 재즈를 듣자, 의식하고 진지하게 듣는 음악이었달까, 세상의 중심에서 조금 벗어난 곳에서 진행되고 있는 소수자를 위한 예민한 음악이었다.

이를테면 고등학교 때 반에서 재즈를 진지하게 듣는 친구가 거의 없어서 음악에 대해서는 누구하고도 얘기가 통하지 않았다. 그

런데 그런 점이 오히려 마음 편했다. 헨리 밀러나 알베르 까뮈를 읽으면서 담배를 피우고 혼자 재즈 LP를 들었다. 상당히 삐딱한 고등학생이었으니까.

그런데 어느 때부터 재즈는 까칠한 음악이기를 그만둔 것 같다. 시민권을 얻었다는 것이겠지만, 그만큼 둥글둥글해져서 찌릿찌릿한 자극은 덜해졌다. 지금도 프로그레시브 재즈를 하는 사람은 있지만, 그것이 시대의 방향과 교차하는가 하면 고개를 갸웃거리지 않을 수 없다. 굳이 말하자면 재즈 전체가 전통문화 예술 같은 것이 되어가고 있을지도 모른다.

그렇긴 하지만 지금도 재즈클럽에 가는 걸 좋아한다. 혼자 훌쩍 조그만 클럽에 들어가서 위스키 온더록스를 주문하고 라이브 연주를 듣는다(담배는 이제 피우지 않는다. 끊느라 애먹었다). 그럴 때는 '나이를 먹는 것도 뭐 그렇게 나쁘지 않네'라는 생각을 한다. 고교시절에는 재즈클럽 같은 데 가고 싶어도 못 갔으니까.

도쿄에서도 곧잘 가지만, 재즈클럽은 역시 뭐니 뭐니 해도 본고장 미국의 재즈클럽이 제일이다. 내가 좋아하는 클럽은 많지만, 가장 멋진 곳은 뉴욕의 '빌리지 뱅가드'. 칠십 년도 넘는 세월 동안 한자리를 지킨 가게이다보니 단출하면서도 상당히 낡았다. 비도 조금 샌다. 메뉴도 다양하지 않고 결코 친절하지도 않지만, 재즈를 듣는 환경으로는 불평할 여지가 없다. 아주 이상한 형태의 공간이었는데, 음향이 훌륭해서 어느 자리에 앉아도 멋진 소리로 재즈를 즐길 수 있다. 이거야말로 재즈, 라는 킥이 있는 음이다.

요전에 뉴욕에 갔을 때, 사흘 연속으로 이 가게에 가서 빵빵한 라이브 사운드에 몸을 푹 적셨다. 술맛 돋우는 백뮤직 정도가 아니었다. '아아, 재즈란 역시 좋구나'라는 사실을 절절히 느꼈다.

혹시 자네도 전통예능화하고 있는 건 아닌지? 어쩌면 그럴지도 모르겠군.

 몰트위스키는 얼음을 넣지 않고 동량의 물을 타서 마시는 것이 이 지역의 음주법입니다. 나는 얼음을 넣지만.

짧은 점쟁이 경력

점을 믿으세요? 라고 물으면 대답하기 난감하다. 믿는가 믿지 않는가 이전에 점이라는 것에 거의 흥미가 없다. 골프나 트위터처럼 그런 것이 세상에 존재하고 많은 사람들을 매료시키고 있다는 것은 알고 있다. 그 가치를 적극적으로 부정할 생각은 전혀 없지만, 나는 조금도 흥미를 가질 수 없다. 그런 것은 다들 있죠?

다만, 점을 보는 것이 아니라 누군가에게 내가 점을 쳐주는 것은 흥미가 없잖아 있다. 뭔가 모순인 것 같지만.

옛날에 나도 좀 한가한 시절이 있었다. 심하게 한가해서 혼자 카드점을 연구했다. 전문서적을 사서 읽어봤지만 딱히 와닿지 않아서 나름대로 간단한 시스템을 만들어 주위 친구들을 상대로 시험해 봤다. 그랬더니 "무라카미의 점이 잘 맞는다" 하는 평판이 나서 여러 사람의 운세(같은 것)를 봐주게 되었다.

점이라고는 해도 "오 개월 뒤에 대지진이 일어납니다" 같은 거창한 것이 아니라, 어디까지나 신변잡기 상담에 한정돼 있었다. 그런데 상대가 전혀 모르는 사람이어도 "당신한테 여자형제는 있는데

남자형제는 없군요" 정도라면 잘 맞혔다.

그래서 "대단해요, 맞아요!"라고 하면 나도 신이 나서 좀더 집중하여 더욱 깊은 데까지 진지하게 봐주려 노력했다. "당신 주위에는 두 남자가 있는데 누구를 선택할지 망설이는군요"라든가. 그러면 그것도 딱 맞히고 그랬다.

그런데 지금 생각해보면 내가 본 건 점이라기보다는 단순한 인간관찰이었다. 일단 눈앞에 형식적으로 카드를 늘어놓긴 하지만, 그것은 어디까지나 구색 맞추기 도구에 지나지 않았다. 나는 숨을 죽이고 감각을 연마하여 상대가 어떤 사람이며 무엇을 어떻게 느끼고 생각하는지를 말이나 행동으로 읽어내고, 그 질과 감촉을 세심하게 음미하여 그곳에서 상대의 스타일을 판단한다. 그러면 여자형제가 있고, 두 남자와 사귀고 있는 것 정도는 분위기상 어렴풋이 알 수 있다.

이것은 결국 내가 소설가로서 지금 하는 일과 별반 다르지 않다.

소설을 쓰기 위해 주위 사람들을 관찰해야 하고, 작중 등장인물을 구체적으로 통찰해야 한다. 그런 '관찰안' 같은 것은 스무 살 전후부터 이미 어느 정도 갖추고 있었을지도 모른다. 그 무렵에는 소설 쓸 생각 같은 건 없었지만.

점쟁이로서 나에 대한 평판은 극히 좁은 세계이긴 했지만 나름대로 높았다. 그런데 그 경력은 아주 짧았다. 왜냐하면 한 번 하고 나면 녹초가 돼버리는데, 아무도 복채를 주지 않기 때문이었다. 그래서 '이제 그만!'이 되었다.

그래서 지금은 오로지 소설만 쓰고 있다. 나름대로 지칠 때도 있지만 일단 원고료는 들어오고, 맞히지 않았다고 해서 야단맞는 일도 없다. 감사한 일이다.

 휴대전화의 착신 멜로디를 〈페르귄트 조곡〉에서 〈황야의 칠 인〉으로 바꿨습니다. 세계의 전환.

블루리본 맥주가 있는 광경

'맥주는 깡통보다는 병으로 마시는 편이 훨씬 맛있다'라고 일전에 쓴 적이 있다. 그렇지만 일본에서는 귀찮아서 그냥 캔맥주를 마신다고. 기억나시는지? 아니, 기억하지 않아도 괜찮지만(《채소의 기분 바다표범의 키스 _ 두번째 무라카미 라디오》참조). 그런데 나도 미국에서는 병맥주만 마신다. 슈퍼마켓에 있는 맥주 코너에 가면 병맥주 중심으로 진열되어 있고, 사가는 사람을 봐도 캔보다는 병을 집어가는 사람이 많다. '자고로 맥주는 병이지'라고 생각하는 사람이 많기 때문일 것이다. 들고 가기 조금 무거워도 별로 개의치 않는다.

그리고 외국에는 "우리 회사 맥주는 병으로만 마셔주길 바란다" 하는 방침으로 캔맥주를 만들지 않는 회사가 적지 않다. 내가 좋아하는 맥주는 대체로 그런 유의 회사다. 롤링 록, 바스 페일에일, 사무엘 애덤스 등. 나는 이 세 종류의 브랜드를 냉장고에 상비하고, 그때그때 기분에 따라 골라 마신다.

또 한 가지 내가 애호하는 브랜드가 있는데, 이것은 병뿐만 아니라 캔으로도 판매되고 있지만, 블루리본. 특별히 맛있는 것은 아니

지만, 맛이 담백하여 한낮에 편안히 마시기 좋다. 매사추세츠 주 케임브리지에 살 때, 이웃에 블루리본 생맥주를 파는 바가 있어서, 더운 여름날 오후에는 곧잘 그곳에 마시러 갔다. 텔레비전에서는 언제나 보스턴 레드삭스의 시합을 중계하고 있다.

전에 오자와 세이지 씨가 집에 놀러 왔을 때, 냉장고에서 그 네 종류의 맥주를 꺼내, "어느 게 좋습니까?" 물었더니, "오오, 블루리본이 있네요!" 하고 무척 반가워했다.

오자와 씨에 따르면 뉴욕에서 지휘자 레너드 번스타인의 어시스턴트를 하던 때, 수입이 거의 없어 가난한 시절을 보냈다고 한다. 그래서 맥주도 제일 싼 것밖에 마시지 못했는데 그때 마신 맥주가 블루리본이었다는 것이다. 지금은 블루리본이 특별히 싼 게 아니지만, 뭐 따지자면 '노동자 맥주' 쯤 될 것이다. 세련된 '디자이너스 맥주'는 아니다. 오자와 씨는 "아아, 반갑네. 가난했던 그 시절이 생각나는군" 하고 감개무량해하며 벌컥벌컥 블루리본을 마셨다. 물론 마음에 들어해주어 기뻤다.

클린트 이스트우드의 영화 〈그랜 토리노〉에서 주인공이 아주 완고하고 터프한 전직 자동차 조립공이었는데, 그 아저씨가 국기를 내건 자택의 포치에서 마시는 맥주도 일관되게 블루리본 캔이었다. 난간에 발을 올린 채 좁은 앞뜰을 재미없다는 듯이 바라보면서 블루리본을 마시고는 빈 캔을 한 손으로 납작하게 구긴다. 구겨진 빈 깡통이 발밑에 산더미처럼 쌓여간다. 디트로이트의 그야말로 블루컬러가 살 것 같은 일각의 풍경에 블루리본 맥주는 잘 어울렸다.

    1960년대 전반의 맨해튼 씨구려 아파트에서 오자와 세이지 씨가 마신 블루리본 맥주도 분명 그 풍경에 잘 어울렸을 거라고 상상되지만.

 〈카르멘 3D〉라는 영화를 보았습니다. 3D로 보니 꽤 박진감 있더군요.

바위에   스며들다

왁자지껄한 매미 소리도 이제 슬슬 한 고비 넘었으려나. 7월 하순부터 무서운 기세로 울기 시작해 8월이 되면 봇물이 터진 듯 시끄러워지다가 9월에 들어서면 서서히 사그라져 이윽고 가을벌레들 소리와 교대한다. 그 허무함이 일본인의 정서와 맞는다고 할까, 일본 여름날의 빼놓을 수 없는 아이템이 되었다.

그런데 북미나 유럽 위쪽으로는 매미가 거의 서식하지 않다보니 매미 관련 얘기를 해도 그런 '풍물시風物詩' 같은 감각을 전할 수가 없다. 일본 드라마라면 여름 신에서 반드시 계절을 나타내는 매미 소리가 들리지만, 해외에 수출하는 경우는 그 매미 소리를 지운다고 한다. 매미라는 것을 모르는 사람이 들으면 텔레비전이 고장났는가 오해해서 문제가 생긴다고.

이솝우화 중에 '개미와 베짱이' 이야기가 있다. 그건 원래 '개미와 매미' 이야기였다. 그리스에는 매미가 서식하므로 이솝은 아주 자연스럽게 매미를 등장시켰다. 그런데 그러면 북유럽 사람들은 이야기를 이해하지 못하므로 매미를 베짱이로 바꿔버렸다. 일본인

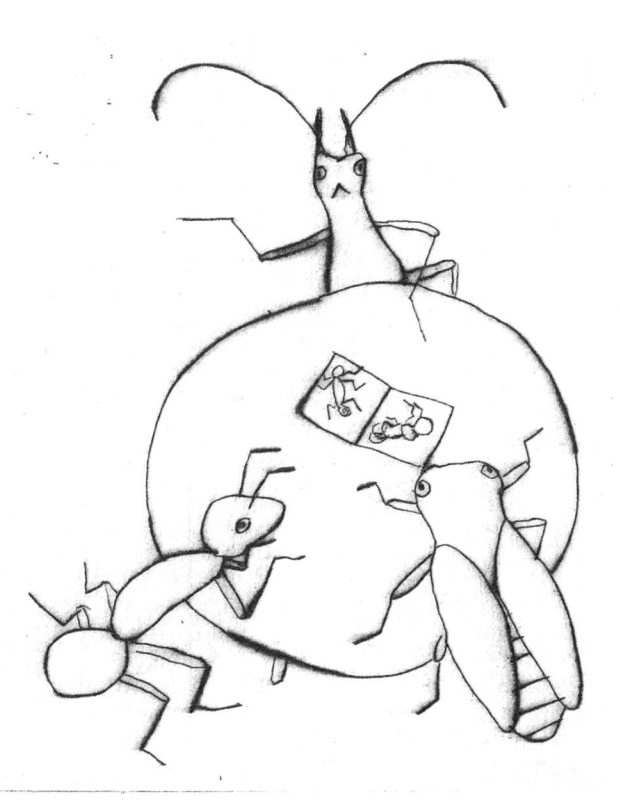

이라면 반대로 "아, 과연, 그게 매미였구나. 매미라니까 더 이해가 잘 되네"라고 할 것이다. 여름에는 떠들썩하게 울지만 가을바람이 불 무렵이면 한풀 꺾인다. 베짱이가 운다는 말은 감각적으로 별로 와닿지 않는다.

내가 아는 미국인도 태어나서 처음으로 매미 소리를 들은 것은 어른이 되어 남부로 여행 갔을 때였다고 한다. 처음에는 무슨 소린지 몰라서 근처 송전선이 고장나 지직거리는 줄 알고 몹시 두려웠다고(웃음). "지금은 무섭지 않지만, 그래도 정말 시끄러운 벌레죠"라고 했다. 그런가, 미국인에게 매미는 어디까지나 벌레구나. 바쇼 씨의 하이쿠 '고요하구나, 바위에 스며든 매미 소리'에 담긴 정서를 일백 자 이내로 기술하라, 하는 시험문제가 나오면 꽤 곤란하겠다.

조용한 여름 오후, 낮잠을 자려는데 벌레가 너무 시끄러워 도저히 잘 수 없네. 전부 잡아 바위에 빡빡 문질러버리면 속이 시원하겠다, 이런 식이려나.

그 옛날, 프랑스의 여성 장관이 "일본인은 개미처럼 일한다"고 발언해 물의를 일으킨 적이 있는데, 당신은 개미의 생활이 좋은가, 매미의 생활이 좋은가 하고 묻는다면 선택하기 곤란하겠죠? 나는 소띠 산양좌 A형이어서(관계없으려나), 굳이 고르자면 개미 타입이지만, 한편으로는 개인주의자여서 그런 딱딱한 단체생활은 싫을 것 같다.

그렇다고 한여름 내내 나뭇가지에 붙어 "맴맴" 시끄럽게 우는 것 역시 천성이 말이 없다보니 기질적으로 맞지 않을 것이다. 잠자리 채를 든 아이들에게 오줌을 찍 갈기고 도망치는 건 즐겁겠지만.

그런데 분명 개미든 매미든 자신이 개미라는 것, 매미라는 것의 의미에 대해 아무 생각도 없을 테지. 그저 개미로 살고 개미로 죽어갈 뿐. 거기에는 물론 선택의 여지 같은 건 없다. 살아가는 목적이 무엇인가 따위 생각할 필요도 없다. 그런 인생도 있겠구나, 하고 이따금 진지하게 생각합니다.

 '몇 번을 읽어도 난해하다'라는 문장이 별다른 이유 없이 머리에서 떠나지 않습니다. 어떻게 좀 해주세요.

이른바 신주쿠 역 장치

이런 것이 있으면 세상이 좀더 편리해질 텐데 하고 늘 생각하지만 좀처럼 상품화·현실화되지 않는 것이 있다.

예를 들면 소음량 클랙슨. 좁은 도로를 달리다가 앞에 가는 보행자에게 '차가 갑니다' 하고 가볍게 알리고 싶은데, 클랙슨을 울리면 깜짝 놀랄 것 같아 누를 수가 없다. 이럴 때 택시 운전기사는 아주 능숙하게 작은 소리로 "빵" 하고 클랙슨을 울린다. 나도 이따금 흉내를 내보지만 쉽지 않다. 전혀 울리지 않거나 혹은 "빠앙" 하는 큰 소리 탓에 보행자가 매서운 눈으로 쩨려보거나, 둘 중 하나다.

그러니까 통상의 클랙슨 소리와는 별도로 '속삭임 모드' 같은 것이 핸들 옆에 붙어 있으면 편리하지 않을까. 전에도 어딘가에 제안한 적이 있지만 아무도 검토해주지 않았다. 어째서일까? 조그만 스위치 하나 더 다는 정도야 탈원자력발전이나 신에너지 개발에 비하면 그리 수고스럽지도 않고, 특별히 주행에 지장을 줄 것 같지도 않은데.

또 한 가지 있으면 좋겠다고 생각하는 것은 '신주쿠 역 장치'. 이

것은 내가 고안해서 예전에 실제로 사용했던 것인데 의외로 도움이 된다. 먼저 신주쿠 역(실제로는 어느 역이든 상관없지만, 일단)에 가서 구내 아나운서 멘트를 녹음해온다. 그리고 그 테이프를 카세트에 넣어 전화기 옆에 둔다.

그런 다음 예를 들어 끈질긴 스팸전화가 걸려오면 카세트 스위치를 누르고 수화기를 카세트 스피커에 갖다댄다. 그러면 "지금 소부 선 쓰다누마행이 13번 홈으로 들어오고 있습니다. 노란 선 바깥으로 물러서주십시오", 안내방송과 함께 덜컹덜컹 하는 효과음이 흐른다. 거기서 "미안합니다. 지금 신주쿠 역인데 전철을 타야 해서요. 끊습니다, 미안합니다" 하고 전화를 끊는다.

이것은 실제로 해보면 의외로 편리하다. 상대도 허를 찔려 아무 말도 하지 못한다. 자택으로 전화를 걸었는데 신주쿠 역 13번 홈이라니(아직 휴대전화가 보급되지 않은 시절 얘기) 깜짝 놀랄 거다. 부조리라고 할까, 이야기가 빨리 끝나 아주 좋다. 내키지 않는 원고 의뢰나 이별 통고, 아내의 푸념 등을 간단히 자를 수 있다.

다만 카세트에 그 테이프를 넣은 채로 항상 전화기 옆에 두는 것은 좀 귀찮은 일이니 전화기에 그런 장치가 미리 장착되어 나오면 편리할 것 같다. 도쿄 역이라든가 하네다 공항이라든가 마작 가게("미안합니다, 지금 막 리치가 걸려서" 주절주절)라든가, 멘트를 선택할 수 있다면 즐거울 것이다. 하네다 공항 효과음 같은 건 아오에 미쓰나의 〈국제선 대합실〉 인트로 같고 좋겠군요……라고 해도 노래를 모르시려나.

옛날에 볼보가 미국 시장에서 팔리지 않아 그 원인을 철저히 조사했더니 '컵홀더가 달려 있지 않아서'라는 이유뿐이었다는 얘기를 들었다. 작은 편리가 의외로 큰 차이를 만드는 것이겠죠.

 이치카와 에비조가부키 배우, 일본어로 새우를 '에비'라고 함 씨와 식사할 때, 새우튀김 덮밥을 주문하면 아무래도 실례일까요?

미안하네,   루트비히

올여름, 스위스 레만 호 마을에서 열린 오자와 세이지 씨가 주재하는 젊은 현악 연주자들을 위한 세미나에 열흘 정도 참가했다. 그렇다고 내가 바이올린이나 첼로를 연주한 건 아니다. 참관인으로서 연습부터 콘서트 마지막까지 견학하고 거기에 대해 글을 썼다.

이 세미나에서는 일곱 팀의 현악4중주단을 짜서 하이든에서 야나체크까지 현악4중주 일곱 곡을 연주한다. 현악4중주곡은 단조롭다보니 도입부부터 끌리지는 않지만, 한번 빠지면 상당히 빠지게 된다. 마작과 마찬가지……라고 하면, 비유가 좀 그렇지만 그러고 보니 넷이서 한다는 공통점도 있다. 현악4중주단은 연습이 끝난 뒤 모두 한 탁자에 둘러앉기도 하고 즐겁겠는걸, 하고 문득 시시콜콜한 생각이 들었다.

얘기를 듣자 하니 레귤러 현악4중주단을 유지하는 것은 그렇게 쉬운 일이 아닌 것 같다. 먼저 실력이 비슷한 네 명의 연주자를 모아야 한다. 음악적으로 추구하는 것이 비슷해야 하고 성격 궁합도 중요하다. 현악4중주단 활동만으로는 먹고살 수 없으니 밥벌이 수

단도 강구해야 한다.

그렇다. 옆에서 보기에는 화기애애하고 즐거울 것 같은데, 실제로 꾸려나가는 건 예삿일이 아니다.

그런데 얘기를 들으면 들을수록 현악4중주단은 마작과 비슷한 것 같다. 생각해보면 마작도 대체로 비슷한 수준의 상대와 함께하는 것이 가장 재미있고, 서로 성격도 어느 정도 맞아야 훈훈한 분위기로 게임을 진행할 수 있다.

나는 고등학교 때부터 중국에서 온 이 복잡한 게임에 제대로 빠져서 공부는 팽개치고 밤새 마작만 했다. 그런데 서른이 눈앞에 닥쳤을 즈음부터 횟수가 줄기 시작해 어느 순간 딱 끊게 되었다. 하루하루 생활이 바빠진 탓도 물론 있지만, 그보다는 마음이 맞지 않는 사람과 한 탁자에 둘러앉는 것이 너무 싫어져서가 큰 이유일지도 모른다.

마작이란 신기한 것이어서 세 사람까지는 즉시 멤버가 모인다.

그 세 사람이라면 기분 좋게 놀 수 있다. 그런데 나머지 한 사람 찾기가 힘들다. 후보는 몇 명이고 있지만, "그녀석은 게임을 지저분하게 해"라든가 "괜찮은 놈인데 과하게 열을 올려서" 하는 식으로 좀처럼 의견이 일치하지 않는다. 그래도 달리 사람도 없고 마작은 하고 싶으니 "그냥 하자" 하고 한 사람을 넣는다. 그러면 아니나 다를까, 분위기가 거칠어질 뿐만 아니라 게임 뒷맛이 나빠진다. 그런 일이 몇 번 있고는 번거로운 듯하여 마작을 하지 않게 되었다. 세상에 이렇게 사람이 많은데 비슷한 네 명을 모으는 것은 정말 어려운 일이구나 하는 걸 실감했다.

현악4중주단을 결성할 때도 어쩌면 비슷한 문제가 있지 않을까. 한없이 내성적인 곡, 베토벤의 작품 130을 듣다가 생각이 마작까지 달려버렸다. 미안하군, 루트비히.

 '발포주와 헷갈릴 정도로 맛이 없'는 맥주가 있다면…… 곤란하겠죠.

즐거운 철인3종 경기

철인3종 경기를 해본 적 있으신지? 음, 수영과 자전거와 달리기를 연달아 하는 그거. 나는 해마다 한 차례 경기에 나간다. 한번 시작하면 그 재미에 중독되게 마련이다. "그런 게 재미있을 리 없어"라는 중얼거림이 저쪽 어디서 들려오는 것 같지만.

호놀룰루에서 매년 5월경에 열리는 호놀룰루 철인3종 경기에도 몇 번 출장한 적이 있다. 이 경기의 큰 즐거움 중에 하나는 바다가 따뜻해서 수영할 때 고무 잠수복을 착용하지 않아도 된다는 것인데, 맨몸으로 바다에 휙 뛰어들어 헤엄쳐 돌아와서는 그대로 자전거에 올라타면 된다. 이러한 점이 정말로 좋다. 고무 잠수복을 입고 벗기란 실제로 해보면 상당히 귀찮다. 섹스로 말하자면…… 아니, 이건 그만두자.

반대로 이 대회에서 조금 마음에 안 드는 것은 종아리에 펠트펜으로 나이를 적는 것이다. 예를 들어 59세라면 '59'라고 꺼멓게 자백을 해야 한다. 지금은 어떤지 모르겠지만, 몇 년 전까지는 그랬다. 어째서 그래야 하는 걸까? 남자의 경우는 그나마 괜찮지만 여

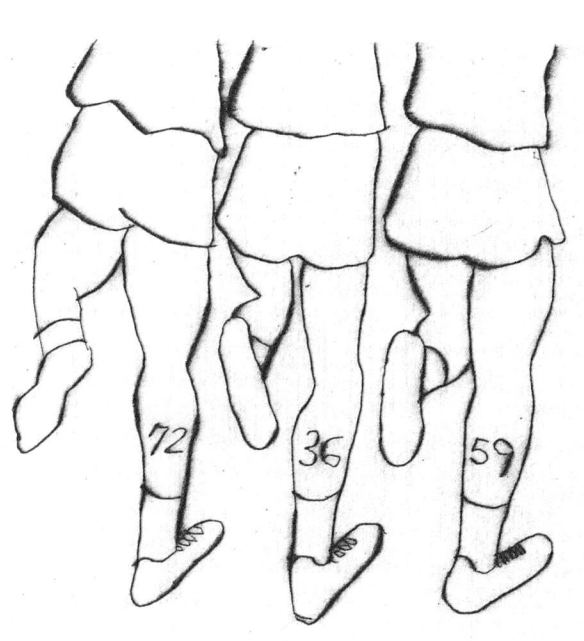

성 중에는 싫어하는 사람도 있지 않을까?

한편 나보다 젊은 사람을 마지막 달리기에서 추월하는 것은 나름대로 기분좋은 일이다. 요전에 종아리에 36이라고 쓴 사람을 추월했더니, "어이, 잠깐만, 59, 당신 정말로 쉰아홉 살 맞아요? 거짓말이죠? 어떻게 59가 36을 추월할 수 있느냐고요" 하면서 한참동안 끈질기게 말을 걸어왔다.

'거참, 시끄럽네. 그런 건 나이 문제가 아니라고' 속으로 생각했지만, 그걸 말로 했다간 싸움이 될 테니 물론 입밖에 내지 않았다. 빙그레 웃으며 손을 흔든 다음 그대로 뛰어가버렸다.

반대로 72라는 번호를 쓴 사람을 추월할 때는 "힘내세요" 하고 말을 건넨다. 나도 72세 정도까지는 철인3종 경기에 현역으로 참가하고 싶다.

내가 마라톤에 나가게 된 것은 삽십대 초반으로 그 무렵은 나이별 스타트에서는 앞쪽이었다. 아직 젊었던 셈이다. 그러다 나이를 먹어갈수록 점점 뒤쪽으로 밀려나 지금은 드디어 제일 마지막 줄이 돼버렸다. 그래서 출발 때까지 시간이 걸리는 터라 그동안 찬바람을 맞고 있어야만 한다. 너무하지 않은가, 경로우대 정신 좀 가지라고 하고 싶지만, 뭐 대회 운영상 어쩔 수 없을 것이다.

그런데 나이를 아무리 먹어도 마라톤이나 철인3종 경기 전날, 옷을 챙기고 출전번호를 핀으로 고정시키고 신발 끈을 다시 묶는 등 준비물을 챙기는 일은 설레고 즐겁다. 마치 소풍 전날의 초등학생 같은 기분이다.

나이 먹는 것을 여러 가지를 잃어가는 과정으로 보는가, 혹은 여러 가지를 쌓아가는 과정으로 보는가에 따라 인생의 퀄리티는 한참 달라지지 않을까 싶다. 뭔가 좀 건방진 소리 같지만.

 언젠가부터 지하철 손잡이 광고에서 여성지 부록을 체크하는 것이 습관이 돼버렸습니다.

자, 여행을 떠나자

요전에 여행가방에 대해 썼습니다. 어떤 가방을 들고 여행을 가면 좋을지. 이번엔 그다음 이야기. 가방의 내용물에 대해.

여행 준비의 핵심은 말할 것도 없이 되도록 짐을 줄이는 것이다. 여행중에 물건은 자연스럽게 늘어나니 그걸 생각해서 짐을 적게 싸야 한다. 그러나 입을 것이 부족하면 걱정이라는 사람이 많아 "결국 팔 한 번 껴보지 않았네"라고 할 옷을 몇 벌이나 끌어안고 여행을 마치기도 한다.

나는 평소 해외여행 시에 갖고 갈 옷을 미리 준비한다. 여행 도중에 버릴 수 있는 옷 말이다. 티셔츠나 양말이나 속옷은 '이건 이제 필요 없겠네' 싶은 것들을 모아서 챙겨 간다. 그리고 입고 버린다. 빨래하는 수고도 덜고 짐도 줄이고 일거양득이다.

다만 여성의 경우 신혼여행 같은 데서는 이런 짓을 하지 않는 편이 좋을 것이다. "귀찮아서 이제 버릴 때가 된 속옷만 갖고 왔어. 무라카미 씨도 그랬다잖아." 이런 사태라면 남편이 경악할지도 모른다. 무라카미라니, 뭐하는 놈이야, 이렇게 되는지도. 그 점은 상식선

에서 잘 판단해 케이스바이케이스로 해주세요. 되도록 무라카미에게 민폐가 되지 않도록.

다만 일단 빨래를 하기로 결정했다면 꼼꼼하게 빨기, 이것이 원칙이다. 짬이 날 때 사사삭 빨아 바스타월로 둘둘둘 롤케이크처럼 말아 그 위에 서서 힘껏 밟는다. 그렇게 물기를 짠 뒤에 말린다. 그러면 빨리 마릅니다.

*

이렇게 쓰면 여행에 아주 익숙한 사람처럼 보이겠지만, 내게도 약점은 있다. 그것은 레코드다. 외국에 가면 반드시 중고 레코드점에 들르는데, 진기한 것이 있으면 스무 장, 서른 장씩도 사버린다. 시간이 있으면 우편으로 일본까지 보내지만, 좀처럼 거기까지의 여유는 없다. 주도면밀하게 준비한 짐꾸리기 프로젝트도 거기서 한순간에 무너져버린다.

그래서 아내가 함께 갈 때면 투덜투덜 불평한다. "그렇게 레코드가 많으면서 왜 또 사는 거야?" 하고. 어쩔 수 없다. 병 같은 것이니. 그런데 아내도 그런 말을 하고 있을 처지는 못 되는 것이, 호숫가에서 주운 예쁜 돌을 한 아름 갖고 오기도 한다. 부피도 크고 꽤 무겁다. 나도 물론 투덜거린다. "그렇게 많은 돌을 들고 가서 어쩌자는 거야?" 하고. 그렇지만 피차 비판은 할 수 없다.

요컨대 내가 하고 싶은 말은 여행은 예정에 없던 일이 일어나기 때문에 즐겁다는 것이다. 모든 것이 당초 계획대로 순탄하게 진행된다면 여행하는 의미가 없을지도 모른다.

그건 어찌 됐건, 여행지에서 매일같이 낡은 옷을 버리고 갈 때의 기분이란 상당히 상쾌하다. 셔츠 한 장, 양말 한 켤레, 대단한 무게도 아니지만 나라는 인간이 그때마다 가벼워지는 것 같은 느낌이 든다. 괜찮다면 한번 시도해보시죠. 그런데 거꾸로 말하자면 여행지가 아니면 좀처럼 물건을 버리지 못한다는 말인지도 모르겠습니다. 이것도 일종의 여행이 주는 효용이겠죠.

 레레레 아저씨〈얼렁뚱땅 반쪽이네〉라는 만화에 나오는 청소부 아저씨는 어떤 쓰레받기를 사용했더라? 생각이 안 나네.

가을을 툭툭 차며

시는 자주 읽으시는지? 솔직히 나는 그리 열심히 읽지는 않는다. 그래도 좋아하는 시집 몇 권은 있어 한가할 때면 책장에서 꺼내 페이지를 훌훌 넘긴다. 유려하거나 서정적인 시보다는 일상적인 산문 혹은 입말로 힘주지 않고 쓴 것을 좋아하는 편이다.
기야마 쇼헤이의 〈가을〉(쇼와 8년)이라는 짧은 시가 있다.

새 나막신을 샀다며
친구가 불쑥 찾아왔다.
나는 마침 면도를 다 끝낸 참이었다.
두 사람은 교외로
가을을 툭툭 차며 걸어갔다.

단 다섯 행의 쉬운 시다. 젠체하는 단어 같은 건 전혀 사용하지 않았지만, 읽기만 해도 그때의 정경과 기분이 저절로 눈앞에 떠오른다. 따각따각 하는 새 게다 소리도 들려오는 것 같다. 매력적이면

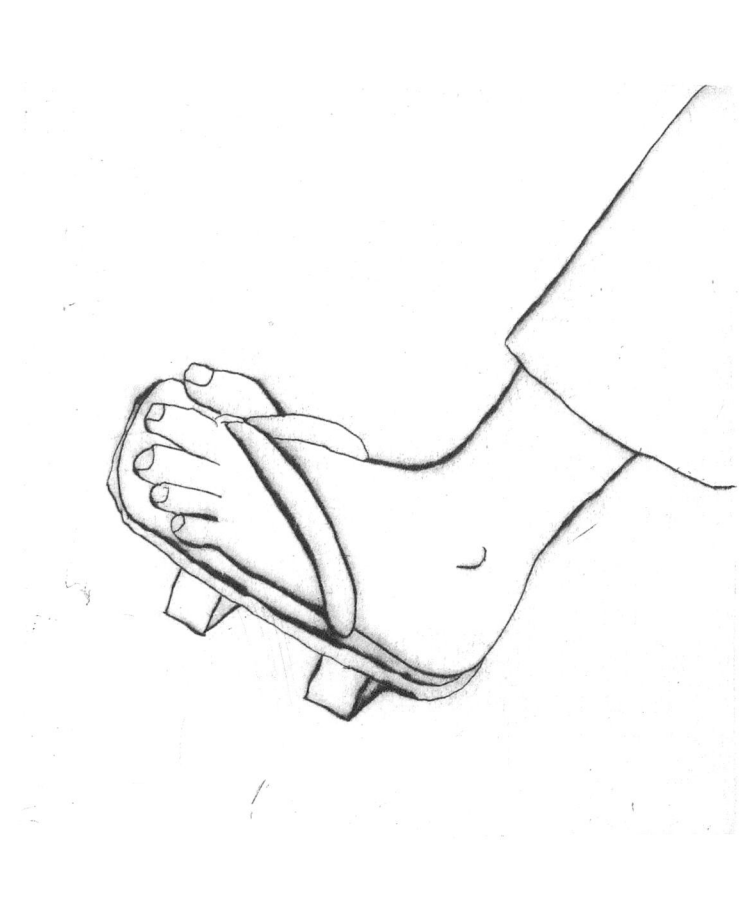

서도 설득력 있는 시라고 생각한다. 가을이 오면 어느 순간 이 시가 문득 떠오른다.

이 '기야마 쇼헤이 시전집'이라는 상자에 든 책을 아오야마 거리의 헌책방에서 발견했다. 같은 내용의 책을 문고본으로 갖고 있는 터라, "삼천 엔이라, 어떡할까?" 갈등했지만, 결국 샀다. 시집은 상자에 든 것으로 갖고 있으니 좋더군요. 어쩌다 한 번 읽는 것이지만 인생에서 조금 득을 본 기분이 들더군요.

*

이 시를 처음 읽었을 때 '이건 젊은 사람이 쓴 시군'이라고 느꼈다. 실제로 1933년에 기야마 쇼헤이는 아직 스물아홉이었다. 어째서 그런가 하면, '새 신발을 샀다'며 친구가 불쑥 집에 오는 상황은 그리고 그걸 예사로 받아들이는 태도는 아직 이십대의 것이니까.

나도 젊을 때는 그런 친구가 있었다. 지금은 없다. 유감스럽다고 해야 할는지 모르겠지만. 그래도 "야, 새 리복을 샀어" 하고 약속도 없이 불쑥 찾아오면 곤란할 것 같다. 예정된 스케줄도 있고 사정도 있을 테니.

고등학생 시절, 심야에 책상 앞에 앉아 공부(인지 뭔지)를 할 때, 누가 돌멩이로 창문을 두드려 밖을 내다보면 친구가 손을 흔들고 있었다. "바닷가에 가서 모닥불 피우지 않을래?" 해서, 함께 바닷가까지 걸어갔다. 그리고 나무를 주워모아 불을 붙이고 별다른 얘기랄 것도 없이 둘이 모래사장에 앉아 몇 시간이고 그 불꽃을 바라보았다. 그 무렵에는 아직 효고 현 아시야 시에도 예쁜 자연 모래사장이 있었다. 모닥불은 몇 시간을 바라봐도 질리지 않았다.

그런데 유감스럽게도 그렇게까지 여유를 즐길 수 있는 것은 인생에서 그리 길지 않고, 심심할 때 놀아주는 사람도 점점 줄어든다.

그러나 이 기야마 쇼헤이의 시를 읽으면, 그 시대를 사는 듯한 기분이 들어 뭔지 모르게 좋다. 친한 누군가와 함께 '가을을 툭툭 차면서' 교외를 산책할 수 있다면 참 좋겠구나 하는 생각이 든다.

 요전에 집에서 소를 한 마리 키우는 꿈을 꾸었습니다. 손이 꽤 많이 가더군요.

그런가, 좀처럼 잘 안 되네

내가 남한테 충고하는 일은 거의 없다. 원래 '되도록 쓸데없는 참견은 하지 않기'를 방침으로 살아가는 탓도 있지만, 또 한 가지는 지금까지 내가 뭔가 조언해서 좋은 결과를 초래한 예가 하나도 떠오르지 않기 때문이다.

내가 누군가에게 "오른쪽으로 가는 편이 나아"라고 충고하면, 대부분의 경우 왼쪽으로 가는 편이 나았다는 것이 나중에 판명된다. 내가 "그럼 결혼하면 되잖아" 하고 권한 커플은 두 쌍 다 몇 년 뒤에 이혼했다. 그래서 결국은 "그때 하루키 씨 말을 듣는 게 아니었어" 하는 원망을 사게 된다. 어째서 그렇게 되는지 이유는 잘 모르겠다. 아무래도 내게 좋은 방법은 다른 사람에게 좋은 방법과 조금 다른 것 같다.

그래서 어느 때부터 상담을 하러 찾아와도 상대의 얘기를 듣기만 할 뿐 충고는 하지 않는다. 결론은 내리지 않는다는 방침을 세우게 되었다. 팔짱을 끼고 "음, 그렇군, 그거 참 힘들겠네. 여러 가지 일이 있었구나. 아하, 좀처럼 잘 안 되는가 보군. 왜 그럴까?" 같은

맞장구를 치면서 나름대로 열심히 귀를 기울이는 사이, 적당히 시간이 되면 얘기가 끝난다. 그러면 책임을 지지 않아도 된다.

그런데 변명하는 건 아니지만, 세상 사람 대부분은 실용적인 조언이나 충고보다는 오히려 따뜻한 맞장구를 원하는 게 아닐까? 오래 살며 이런저런 경험을 쌓다보니 점점 그렇게 생각하게 되었다.

게다가 결론이란 것은 대부분, 이쪽에서 이끌어내는 것이 아니라 그쪽에서 이미 결정한 다음 멋대로 찾아오는 것 같다. 그러니 나로서는 되도록 예쁜 방석을 준비해두고 조용히 기다릴 수밖에 없을 것 같다. 그래서 오지 않으면 오지 않는 대로 그건 뭐 할 수 없다.

그러니 무라카미한테 충고를 구하러 오지 말아 주세요. 시간 낭비일 테니. 분명 결론 같은 건 내리지 않을 것이며 내린다 해도 도움이 되지 않을 겁니다. 정말로요.

신문에 보면 흔히 인생 상담 같은 것을 하는데, 나는 도저히 그 상담자는 되지 못할 것 같다. 어떤 질문을 읽어도 전혀 조언이 떠오르지 않는다. "으음, 그거 큰일이군요. 여러 가지 일이 있었네요. 자, 어떻게 해야 할까요?" 같은 소리밖에 할 수 없다.

예를 들어 '나는 미즈호 은행 미나미산도 지점 지점장입니다만, 꼭 알래스카에 가서 맨손으로 곰과 싸우고 싶습니다. 은행을 그만두고 아내와 헤어져야 할까요?' 하는 상담을 받아도 뭐라고 대답해야 할지 모른다. 알래스카에 간 지점장에게 어떤 운명이 기다리고 있을지 물론 궁금하긴 하지만, 거기에 대한 책임까지는 지고 싶지 않다. 그런 건 직접 결정하고 그 결과가 어떻든 스스로 책임지는 편이 좋다고 생각한다. 어쨌든 미즈호 은행 지점장까지 됐으니까.

그러나 그런 사람이 지점장인 은행에 예금하는 것이 과연 적절한가 물으면 약간 판단이 힘들어지는군요. 자, 어떻게 해야 할지……

 미즈호 은행에는 미나미산도 지점이 없습니다. 지점장의 모델도 없습니다. 이것은 가공의 이야기입니다.

자신의   몸으로   실험한   사람들

나는 어릴 때부터 일관되게 전형적인 문과형 인간으로 수학, 물리, 화학 같은 것에 도통 젬병이다. 그런 과목 탓에 학교 성적도 아주 형편없었다. 그래서 과학자의 멘탈리티 같은 것은 솔직히 잘 이해하지 못하는 부분이 많다.

진리를 탐구하기 위해 동물실험에서 그치지 않고 스스로를 실험대로 삼는 과학자들의 실화를 모은 《세상을 살린 10명의 용기 있는 과학자들》(레슬리 덴디, 멜 보링 저)을 읽다보면, 그 이해 불가함은 한층 커지고 깊어진다.

이를테면 루마니아인 법의학자 미노비치 씨는 교살에 의한 질식사가 인체에 주는 영향을 알기 위해 스스로 여덟 번이나(단시간이긴 하지만) 목을 맸다. 보통 사람들은 좀처럼 못 할 일이다.

사람이 얼마까지 고온에 견딜 수 있는가를 알기 위해 몇 명의 영국인이 섭씨 127도의 방에 틀어박혔다. 지참한 스테이크용 고기는 삼십 분 만에 웰던 상태가 되고 병에 담아둔 와인은 완전히 증발했다. 그래도 그들은 그곳에서 계속 버텼다. "다들 기뻐했다. 생물의

한계로 간주되는 것보다 훨씬 고온의 공기에 노출되면, 사람은 어떻게 되는지 그걸 관찰할 기회를 얻었기 때문에"라고 참가한 한 학자가 소견을 밝혔다. 대체 뭐가 기쁜 것일까?

자신의 몸에 병원체를 주입하여 의도적으로 그 병에 감염된 병리학자는 수없이 많다. 그중 몇 명은 물론 목숨을 잃었다. 스위스의 폰트 의사는 뱀독이 혈청에 미치는 효과를 확인하려고 세 마리의 살모사에 물렸다. 한센병 치료법을 연구하는 이집트 라고다키 박사는 환자의 혈액을 세 번이나 스스로에게 주사했다(감염됐지만 치료에 성공). 쿠바의 제시 러지어 박사는 황열병의 원인이 모기라는 것을 확인하기 위해 환자의 피를 빨아먹은 모기에게 자신을 물게 했다. 실험은 성공하여 가설은 멋지게 증명됐지만, 박사는 고통 속에 죽어갔다. 굉장하다.

그렇게까지 하지 않아도……라고 책을 읽으면서 깊은 한숨을 쉬었지만, 한편으로는 과학과 먼 우리 일반인의 인생도 생각하기에 따라서는 일종의 실험 같은 것이 아닐까 싶다.

예를 들면 나는 지난 삼십 년간 매일처럼 달리고 있다. 달리기를 시작했을 때 달리는 것이 정말 재미있다는 걸 깨닫고 '이렇게 계속해서 달린다면 내 인생은 과연 어떤 식으로 달라질까?' 하는 호기심을 가졌다. 그리고 그 호기심을 끈질기게 쫓아가보기로 했다.

그래, 오랜 세월에 걸쳐 달리기를 계속한 지금, 내 안에서 무언가가 달라졌을까? 아마 달라졌을 거라 생각한다. 체형적으로도 정신적으로도 소설가로서도. 그러나 나란히 비교해야 할 '달리지 않은' 내가 지금 여기 존재하지 않으니 유감스럽게도 과학적 검증은 할 수 없다. 스스로 '매일 계속 달려서 확실히 달라졌구나' 실감하고 납득할 수밖에. 전혀 과학적이라고는 할 수 없지만, 뭐 이것도 인생을 소비하여 내 몸으로 해낸 하나의 실험이죠.

살모사에게 팔을 물리는 것보다 훨씬 건전하다고 생각하는데요.

 고양이한테 물린 적은 몇 번 있지만, 살모사는 좀 싫군요.

컬러풀한 편집자들

  독일 출판사에서 일하는 여성과 대화하던 중에 어느 나라에서나 최근에는 남성보다 여성이 더 활발하게 활동하는 것 같다는 얘기가 나왔다. 그녀에 따르면 독일 출판계의 남성은 원래는 작가 지망생이었지만 꿈을 이루지 못하고 편집자가 된 사례가 아주 많다고 한다. "그런데 신기하게 여성 중에는 그런 사례가 없어요. 작가 지망생이었던 여성 편집자는 한 사람도 못 봤어요."
  그래서 남성 편집자 중에는 소심하고 까다로운 사람이 많고, 거기에 비해 여성은 실무적이고 민첩하여 일하기가 편하다는 것이었다. 그녀는 조금 더 완곡한 표현을 썼지만, 간단히 말하자면 그렇다.
  "일본은 어때요?" 묻는데, 나는 대답하기가 곤란했다. 글쎄다, 일본에서는 어떨까? 잘 모르겠다.
  내 담당 편집자는 옛날부터 대체로 남녀 반반이었다. 남자여서 어쩌고 여자여서 저쩌고 하는 편견은 특별히 없기 때문에, 제대로 일만 잘해주면 성별은 그리 상관없다. 게이든 레즈비언이든 상관없다(양쪽 다 실제로 있었습니다만). 그야 뭐 숨이 넘어갈 만큼 미

모의 편집자가 내 담당이 된다면 나도 살짝 긴장해서 일에 지장이 생길지도 모르지만 다행인지 불행인지 그런 일은…… 아, 이 얘기는 좀 곤란하군. 그만두자. 잊어주세요.

소설가가 된 지 삼십 년도 더 되는 시간 동안 지금까지 적지 않은 수의 편집자와 일해왔지만, 한 명 한 명 떠올려보면 개중에는 좀 특이한 사람, 고개를 갸우뚱하게 하는 사람도 있었다. 다음은 그중 극히 일례.

커피숍에서 미팅을 하는데 나는 간단하게 커피를 시켰는데 자기는 과일 파르페를 주문한 문예지 남성 편집자가 있었다. 좁은 테이블에 원고를 펼쳐놓고 얘기하는 자리인데, 그런 먹기 복잡한 건 주문하지 말지 싶지만 대놓고 그런 말을 할 수도 없고……. 회사에서도 사원교육을 할 때 '작가와의 미팅 때 과일 파르페를 주문하는 것은 부적절하다' 같은 세심한 부분까지는 주의를 기울이지 않겠죠.

한번은 방에서 일을 마무리하는 동안 편집자를 거실에서 기다리게 했다. 일을 마치고 "많이 기다렸어요" 하며 거실로 나오니, 그는 진지한 눈길로 내 아내의 손을 꼭 잡고 있었다. 이게 무슨 일인가 했더니, 그 사람은 손금을 보는 것이 취미였다. 그래도 일단 필자가 방에서 일을 하고 있는데 그동안 그 집 아내의 손을 잡고 있다니. 심장에 좋지 않다고!

어느 휴양지에 취재 갔을 때의 일이다. 자유 시간에 수영복으로 갈아입고는 일광욕을 너무 한다 싶더니 심한 화상을 입어서 나와 카메라맨에게 밤새 간병을 하게 만든 젊은 편집자도 있었다. 출판사 직원 교육 담당자도 여러 가지 상황을 고려해야 하니 고생이 많겠다.

어디까지나 어쩌다일지도 모르지만 내가 살면서 만난 컬러풀하다고 할까, 그런 유의 '좀 별난 편집자'는 전부 남성이었다. 여성은 지금까지 대부분 정상이었다. 어째서인지는 잘 모르겠다. 어째서일까요?

 누가 여유가 있다면 세타가야 구에 '요가用賀세타가야 구의 주택가 요가교실'을 열어 주지 않겠습니까?

내가 죽었을 때는

 신랄한 말투로 이름을 떨친 도로시 파커라는 미국 여성작가가 이런 말을 했다. "내가 죽으면 묘비에 이렇게 새겨주기 바란다. '이 글씨를 읽을 수 있다면 당신은 내게 너무 가까이 와 있다'라고."
 도로시 씨는 1930년대에 활약한 사람이니 물론 이미 고인이 되었지만, 이 말은 묘비에 새기지 않은 것 같다. 참으로 그다운 엣지 있는 멋진 비문이 될 뻔했는데 유감이다. 그러나 분명 기지 넘치는 조크와 위트가 묘지에는 그다지 어울리지 않을 테니.
 옛날부터 어째선지 묘비명에 흥미가 있어 외국에 여행을 가면 곧잘 묘지를 산책하며 거기 적힌 말을 읽으며 돌아다닌다. 특히 파리의 묘지에는 저명한 예술가들 묘가 많아서 한 반나절은 아주 충실하게 보낼 수 있다.
 작가 스콧 피츠제럴드의 묘는 미국 메릴랜드 주의 작은 마을에 있다. 국도변의 조그마한 천주교 성당 뒤편에 위치한 아주 평범한 묘지. 엄숙한 풍정 같은 건 전혀 없다. 세상을 떠날 때 그는 아주 가난했다. 묘지를 둘러싼 벽도 없고 지나가는 차의 타이어 소리가 끊

이는 일도 없다. 묘비에는 유명한 《위대한 개츠비》의 마지막 구절이 새겨져 있다.

  우리는 조류를 거스르는 배처럼 끊임없이 과거로 떠밀려가면서도 앞으로 앞으로 계속 전진하는 것이다.

  아름다운 문장이다. 그러나 어떤 고난이 있더라도 어떻게든 살아가겠다고 하는 결의는 분위기상 피츠제럴드의 묘비명으로 그리 어울리지 않는 것 같다. 그의 묘 앞에 섰을 때, '비를 맞게 된 것이 다행이구나' 하는 글이 문득 머리에 떠올랐다. 참석자도 별로 없는 개츠비의 우중 장례식에서 누군가가 불쑥 내뱉은 말이다.

  으음, 그러나 역시 묘비명에는 어울리지 않을지도. 너무 쓸쓸하다.

  내 경우를 말하자면 내가 쓴 글 중에 이건 내 묘비에 새길 만하다 싶은 것이 현재 하나도 떠오르지 않는다. 그러나 묘비명이야 없어도 아무 상관없다. 조용히 재워주기만 하면 그걸로 충분하다. 다만 내가 쓴 문장이 아니어도 된다면, 이게 좋지 않을까 생각한 적은 있다.

'아무것도 생각하지 마라. 그저 바람을 생각해라.'

트루먼 카포티의 단편소설 〈마지막 문을 닫아라〉의 마지막 한 줄, 옛날부터 왠지 이 문장에 몹시 끌렸다. Think of nothing things, think of wind, 내 첫 소설 《바람의 노래를 들어라》도 이 문장을 염두에 두고 붙인 제목이었다. nothing things라는 어감이 정말 좋다.

카포티가 묘에 어떤 말을 새겼는지는 찾아가본 적이 없어서 모르겠다. 숙적인 작가 고어 비달은 그의 죽음을 '현명한 커리어 쌓는 법Good career move'이라고 평했다. 나는 그 말을 듣고 "작가는 참 말을 심하게 하는구나" 어이없어하면서도 그 촌철살인의 언어감각을 감탄하지 않을 수 없었다. 그런데 설마 그런 건 묘비명으로 쓰지 않겠지.

 '뜨겁게 달군 돌에 올리브오일'이라는 말이 생각났는데, 의미가 불명확하다. 어떨 때 사용하지?

많은   사람   앞에서

 사람들 앞에 나가 뭔가 하는 걸 정말 싫어해서 되도록 집에 틀어박혀 혼자 일하려 하지만, 입장상(건방진 것 같지만, 내게도 일단 입장 같은 게 있다) 꼭 나가야 하는 공적인 자리가 이따금 생긴다.
 다만 싫은데 싫은데 하면서도 '여기는 아무래도 피할 수 없다'라고 일단 판단하면, 그다음은 어떻게든 한다. 내 경우 어쩐지 많은 사람 앞에서도 '긴장하는' 일은 없으니 그 점은 편하다. 미국 대학에서 이천 명을 앞에 두고 삼십 분 동안 강연했을 때도 별로 긴장하지 않았다. 제법 편안하게 얘기했다. 다들 잘 웃어주었고 즐거운 한때를 보낼 수 있었다.
 그밖에도 천 명 정도의 청중 앞에서 얘기한 것은 몇 번이나 더 있다. 사람 수는 특별히 신경쓰이지 않는다. 시력이 그다지 좋지 않아서 청중의 얼굴이 또렷이 보이지 않는 것도 긴장하지 않는 이유 중 하나일지 모른다. '사람이 좀 있구나' 하는 정도로 끝난다.
 그런데 스무 명에서 쉰 명 정도 되는 사람들 앞에 서면 말이 잘 나오지 않을 때가 있다. 왜일까? 얼굴이 잘 보여서 긴장하는 걸까.

반대로 인원수가 더 많아지면 어떨까. 도쿄돔 정도의 장소에서 오만 명을 상대로 한번 시험해보고 싶은 마음도 든다. "여어, 다들 읽고 있나?" 하면서. 농담입니다, 물론.

다만 사람들 앞에 나서는 일은 원래 좋아하지 않다보니 그 순간은 어떻게든 넘기지만, 나중에 한꺼번에 피로가 밀려온다. 자기혐오 같은 것에 빠져 일이 손에 잡히지 않는다. 그래서 되도록 사람들 앞에 얼굴을 내밀지 않으려고 합니다. 이해해주세요.

텔레비전에도 한 번도 출연한 적이 없다. 나는 버스를 타기도 하고 목적 없이 걸어다니기도 하고 근처 가게에서 양파와 무를 사기도 하며, 극히 평범하게 일상을 보내는 사람이어서 길을 가다가 누가 말을 걸어오거나 하면 귀찮다. 무엇보다 "엄마, 엄마 저거 봐. 무라카미 하루키가 텔레비전에 나왔어. 얼굴이 재미있게 생겼네" 어쩌고 하는 소리를 듣고 싶지 않다. 어떻게 생기건 내 마음이지.

한참 옛날에 NHK 교육방송의 텔레비전 프로그램에서 출연을 제안받았다. 언제나처럼 "얼굴을 비치고 싶지 않다"고 거절했더니 담당 연출자가 "저기요, 무라카미 씨, 저희 프로그램 시청률은 이 퍼센트 이하랍니다. 거의 아무도 보지 않습니다. 그런 걱정 하시지 않아도 됩니다"라고 했다. '흠, 그런가?' 하면서도 '잠깐만. 그런 문제가 아니잖아'라고 생각을 정리했다. "금방 끝나" 하고 섹스하며 여성에게 다그치는 녀석이 지인 중에 있는데(세상에는 이상한 놈들이 꽤 많다), NHK 연출자의 핑계는 그것과 좀 비슷했다. 그 말을 듣고 '그래? 바로 끝나면 됐어. 잠깐 해볼까' 하는 여성은 없을 테죠. 헌혈도 아니고.

그런 이유로 아직 한 번도 텔레비전에는 나가지 않았다. 텔레비전 카메라 앞에서는 긴장이 될까, 안 될까?

 '무라카미 라디오'라는 코너를 연재하고 있는 주제에 라디오에 나간 적도 없습니다.

낮잠의　달인

나이를 먹어서 젊을 때보다 편해졌구나 하는 일이 찾아보면 의외로 많다. 예를 들어 '상처를 잘 입지 않게 된 것'도 그중 하나다. 누군가에게 뭔가 심한 말을 듣거나 뭔가 심한 일을 당해도, 젊을 때처럼 그게 가슴에 콕 박혀 밤잠을 설치는 일은 적어졌다. '뭐, 할 수 없지'라고 체념하고는 낮부터 쿨쿨 자버린다. 낮부터 자버리는 사람은 나쁜일지도 모르지만.

이건 아마 숙달의 문제라고 생각한다. 인생을 길게 살다보면 심한 말을 듣거나 심한 처사를 당하는 경험이 점점 쌓여가기 때문에 그냥 예사로운 일이 돼버린다. '이런 일로 일일이 상처받으면 어떻게 살려고' 하며 툴툴 털어낼 수 있게 되고, 그 칼끝을 능숙하게 급소에서 치우는 요령을 익힌다.

그런 게 가능해지면 물론 마음은 편하지만, 생각해보면 그건 곧 우리의 감각이 둔해지고 있다는 말이다. 상처입지 않도록 두꺼운 갑옷을 입거나 피부를 탄탄하게 하면 통증은 줄지만, 그만큼 감수성은 날카로움을 잃어 젊을 때와 같은 싱싱하고 신선한 눈으로 세

계를 볼 수 없게 된다. 요컨대 우리는 그런 손실과 맞바꾸어 현실적 편의를 취하는 것이다. 뭐, 어느 정도 불가피한 일이긴 하지만.

자랑은 아닌데 나는 낮잠을 잘 잔다. 작업 공간의 소파에서 매일같이 한숨 잔다. 일을 한참 하다보면 머리가 멍해져서 '이건 안 되겠어. 잘 수밖에' 하고 누워서 바로 잠에 떨어진다. 그리고 정확히 삼십 분 만에 눈을 뜬다. 그러면 머리는 한결 개운해지고 기분은 긍정적으로 정화되어 바로 일을 계속할 수 있다.

만약 낮잠이라는 것이 세상에 존재하지 않았다면 내 인생과 내가 쓰는 글은 지금보다 어둡고 까다로운 것이었을지도 모른다. 그편이 오히려 낫지 않겠느냐고 묻는다면, 으음, 제대로 반론은 못 하겠지만.

낮잠을 잘 때는 언제나 작은 소리로 음악을 틀어놓는다. 실내악이나 바로크음악을 틀 때가 많고, 틀어놓는 CD는 대체로 정해져 있다. 요컨대 '낮잠용 음악'이라는 나만의 장르가 있다. 연주자들은 열심히 연주했는데 낮잠 BGM으로 써서 미안한걸, 하고 생각하긴 하지만 어쩌다보니 그렇게 돼버렸다.

그래서 오후 1시경에 소파에 누워 슈베르트의 현악5중주곡을 듣는 둥 마는 둥 들으면서 "아아, 오늘도 특별히 상처입는 일 없이 이대로 한가로이 낮잠을 잘 수 있을 것 같군. 다행이야" 하고 인생에 감사한다.

개인적인 의견이지만, 젊을 때 세파에 시달리며 제대로 상처를 입어두면 나이를 먹은 뒤 그만큼 편해지는 것 같다. 만약 기분 나쁜 일이 있다면 이불을 뒤집어쓰고 푹 자면 된다. 뭐니 뭐니 해도 그게 제일이다. 힘내세요.

 낮잠을 자고 일어나면 내가 어디 있는지, 지금이 언제인지 잊어버릴 때가 있다. 은근히 좋습니다.

뭉크가 들은 것

뭉크의 〈절규〉라는 그림 아시죠? 다리 위에서 사람이 얼굴을 심하게 일그러뜨린 채 양손으로 뺨을 감싸고 입을 동그랗게 벌리고 있는 그림. 영화 〈나 홀로 집에〉 포스터도 주인공 남자아이가 이런 포즈로 절규하는 구도였다.

그런데 나는 몰랐는데 사실은 소리를 지르는 것은 그림 속 인물이 아니라고 한다. 그는 '자연을 꿰뚫는 끝없는 절규'를 공중에서 듣고, 귀를 막고 두려워하고 있다. 인물의 모델은 뭉크 자신으로, 그는 오슬로의 피를 흘리는 듯한 노을 속에서 그 절규를 정말로 들었다고 얘기하고 있다.

그건 어떤 절규였을까? 거기까지는 설명하지 않았다. 그러나 분명 그의 귀에만 들리는 소름끼칠 정도로 무서운 절규였을 것이다. 그를 둘러싼 풍경이 심상에 격렬하게 뒤틀려 있는 모습을 보면 추측할 수 있다.

지금이라면 "그건 환청이야. 정신과 의사한테 가보는 편이 좋지 않을까?" 이럴 수 있겠지만, 19세기 말 유럽의 예술가에게 환청이

니 환각이니 착란이니 그런 유의 것은 일상다반사였다. 한두 가지의 광기를 띠고 있지 않은 화가나 작가, 혹은 음악가는 "그녀석, 돌팔이"라고 무시당할 정도였다. 그런 시대의 공기 같은 것이 있었다.

그러나 그후 일백 년이 흐른 지금도 사람들은 왠지 이 그림에 강하게 이끌리는 것 같다. 시험 삼아 인터넷에서 검색해보니 '절규'와 관계된 이미지만 웬걸 십삼만칠천 건이 올라와 있었다. 전부를 볼 수는 없었지만(그렇게까지 한가하진 않다), 대충 봐도 참으로 흥미로운 것이 여러 가지 있었다. 예를 들어 '절규' 풍으로 자른 도시락 소시지며 '절규'의 모델과 얼굴이 똑같이 생긴 개며, 똑같은 구도를 가진 판자벽의 옹이, 비슷한 표정으로 연기하는 아사다 마오, 비슷한 위성사진의 지형, 두 개의 유두와 배꼽으로 '절규'를 묘사한 남자, 런던 상공에 뜬 '절규' 얼굴의 구름이며…… 이야, 봐도 봐도 질리지 않았다. 세계는 '뭉크의 절규'로 (혹은 그 은유로) 가득 차 있는 것 같았다.

그런 걸 보면서 생각했지만, 뭉크 씨가 오슬로의 노을에서 들은 '절규'는 아마 누구나 가슴속 깊이 안고 있는 불안의 날카로운 공명 같은 것이지 않았을까. 그걸 명료하게 음성으로 들을 수 있는— 혹은 들어버린— 사람이 있는가 하면, 그저 무음인 채 안고 있는 사람도 있다. 그러니까 공포에 데포르메된 다리 위 남자의 얼굴 속에서 우리는 아마 시대를 초월한(아니, 오히려 지금이기 때문에, 라고 해야 할까) 뭔가를 생생하게 느낄 수 있을 것이다. 그리고 그 결과 도시락 소시지로 '절규'의 얼굴을 만들게 된다. 누가 그런 걸 좋아하며 먹을지는 모르겠지만.

뭉크에게는 그밖에 〈멜랑콜리〉라는 제목의 그림도 있는데, 그 주인공 얼굴이 나와 아주 닮았다는 말을 몇 명의 노르웨이인에게 들었다. 오슬로 미술관에 가서 실물을 보고 싶기도 한데, 으음, 그렇게 닮았을까?

 기본 정책이 없는 정부는 화장실 없는 맥줏집 같습니다. 비유.

개도   걸으면

항상 의문스레 여기면서도 그냥 그렇게 지나치는 일이 우리 인생에 적잖이 있다. 어떻게 된 걸까? 언제 한번 조사해봐야지 생각은 하지만 날마다의 잡일에 쫓겨 물음표인 채로 있다. 나도 그런 '해명되지 않은 의문'을 꽤 많이 안고 있다.

'이로하 가루타_{속담이 적힌 카드}'에 '개도 걸으면 몽둥이에 맞는다'는 말이 있다. 요즘 가루타 놀이를 하는 사람은 별로 없지만, 이 속담은 아직 국민적 관용구로서 기능하고 있는 것 같다. 일반적으로는 '정처 없이 터덜터덜 돌아다니다보면 뭔가 좋은 일을 만날 거다'라는 의미로 쓰이고 있다.

그러나 생각해보면 묘한 얘기다. 개가 걸어다니다 몽둥이에 맞는 게 어째서 '좋은 일'일까? 이렇게 물으면 대부분의 사람은 제대로 대답 못 하지 않을까? 적어도 나는 대답하지 못했다.

그래서 좋아, 이번 기회에 알아내고 말겠다, 결심을 단단히(라고 할 정도로 대단한 일은 아니지만) 하고 조사해보았다.

사전을 찾아보니 이것은 원래는 전혀 다른 의미로 사용되고 있던

말이었다. 개가 어슬렁어슬렁 주변을 돌아다니다보면 누군가에게 "이놈, 저리 가!" 하고 몽둥이로 맞게 된다. 그래서 필요 없는 일은 되도록 하지 않는 게 좋다는 의미였다. 이로하 가루타가 생긴 것은 에도시대로 그 당시는 철저한 신분사회여서 '풍파 일으키지 말고 집에 얌전히 있어라'라는 것이 보통 사람들의 생활의 지혜였다.

그런데 일본이 근대화되면서 사람들의 의식은 "무엇이든 나서서 해보라" 하는 방향으로 흘러갔다. 그래서 '개도 걸으면 몽둥이에 맞는다' 역시 논리는 저기 멀리로 치워두고 긍정적인 의미로 바뀌어갔다……는 것입니다. 흐음.

그러나 한편으로 이런 흥미로운 설도 세상에는 있다.

흰 개가 어슬렁어슬렁 근처를 산책하고 있는데 길에 떨어져 있는 달리 풍의 예술적인 나무토막을 발견하고는 '멋있는걸' 하고 그걸 문다.

그러고는 의기양양하게 걷고 있는데 어린아이가 "엄마, 저 나무토막 나도 갖고 싶어"라고 해서 엄마가 개한테 "저기 미안하지만 그 나무토막 양보해주지 않을래? 상점가의 경품권 세 장 줄게"라고 해서 "좋아요" 이렇게 되었다.

   그래서 개가 상점가에 가서 복권을 뽑았더니 웬걸 2등상인 다리미대와 다리미가 걸렸다. 그러자 중년 신사가 나타나 "이봐, 개, 내가 지금 당장 다리미가 필요하거든. 이 아이폰 새것이나 다름없네만 바꾸지 않겠나?"라고 해서 또 "좋아요" 이렇게 되었다. 그래서 개는 아이폰을 목에 걸고 헤드폰으로 에릭 클랩튼을 들으면서 집으로 돌아갔다……라는 것이 내가 '개도 걸으면 몽둥이에 맞는다'에서 떠올린 정경인데, 너무 길었나.

 이번에는 뭔가 소프트뱅크 광고 같은 에피소드가 돼버렸네.

컵에 반

흔히 듣는 말이지만, 물이 반쯤 든 컵을 보고 낙관적인 사람은 '아직 물이 반이나 남았네'라고 생각하고, 비관적인 사람은 '이제 물이 반밖에 안 남았네'라고 생각한다. 인생에는 다양한 국면이 있어서 어느 쪽이 좋다, 나쁘다 한마디로 단정할 수 없지만 그 두 가지 관점의 어느 쪽을 취하는가에 따라 우리 인생의 양상은 아무래도 달라질 것 같다.

'이번 총리의 뇌는 반밖에 차지 않았네'라고 생각하는 것과 '이번 총리의 뇌는 반이나 차 있네'라고 생각하는 것으로 우리 인생의 양상은…… 으음, 거의 달라지지 않을지도.

뭐 총리는 그렇다 치고(그렇다 치면 안 되겠지만 얘기가 길어지니), 컵의 물 얘기로 돌아가면 세상에는 확실히 낙관적인 사람과 비관적인 사람이 있다. 백 퍼센트 한쪽으로 바늘이 휙 기우는 사람은 별로 없겠지만, '어느 쪽인가 하면' 하는 범위에서 사람은 대체로 낙관적이기도 하고 대체로 비관적이기도 하다.

나는 '어느 쪽인가 하면' 낙관적인 쪽일지도 모른다. 소설가로서

는 사람의 의식의 어두운 영역을 확실히 지켜봐야 하겠지만, 일을 하지 않을 때는 대체로 '뭐 어때, 어떻게든 되겠지' 하는 세계관 하에 살고 있다. 만사를 깊이 생각하느라 밤에도 잠들지 못하는 일은 일단 없다.

소설가에게 또 창작하는 사람들에게 기본이 낙관적이라는 것은 중요한 일이 아닌가, 늘 생각한다. 이를테면 장편소설 집필에 들어갈 때는 '좋아, 이건 꼭 완성할 수 있어' 하는 확신을 가질 필요가 있다. '내 능력으로는 이걸 다 쓸 수 없을지도' 같은 생각을 하기 시작하면, 제대로 일을 하지 못한다. 이것은 낙관적이라기보다 그저 뻔뻔스러움인지도 모르겠습니다만.

어느 잡지를 읽어보니 그런 경향은 어린 시절 환경에 의해 결정되는 부분이 크다고 쓰여 있었다. 형제 중에는 부모가 귀여워하는 자식과 그렇지 않은 자식이 있게 마련이어서, 귀여움 받은 아이 쪽은 낙관적이고, 그렇지 않은 아이는 비관적으로 자란다. 부모는 흔히 '제 자식은 모두 똑같이 사랑스럽다' 어쩌고 하지만, 그건 표면상의 '신화'에 지나지 않는다, 편애 같은 것은 분명히 있다고 그 기사는 말하고 있었다.

  나는 형제도 없고 자식도 없어서 그런 미묘한 부분은 잘 모르겠지만 주위 사람들 얘기를 들어보면 그런 일도 있을 수 있겠다는 생각이 든다. 인간관계란 여간 어려운 게 아니다.

  그런데 기사에 따르면 부모에게 별로 사랑받지 못했다고 자각하는 아이들 중에는 밖에 나가 가족 이외의 인간관계를 구축하려는 경향이 생겨나 그것이 성공으로 이어지는 사례가 많다고 한다. 그런가, 나쁜 것만 있는 건 아니군.

  그런 생각을 한낮의 바에서 생맥주를 마시며 하고 있었다. 맥주는 이제 삼분의 일밖에 잔에 남지 않았다. 좀전까지는 아직 반이었는데. 한 잔 더 주문할까, 어쩔까.

 부모에게 버려진 병약한 새끼고양이를 훌륭한 성묘로 키워낸 경험이 있습니다.

2등이면 안 되는 건가?

몇 년 전, "어째서 세계에서 1등이 돼야 하는 거죠? 어째서 2등이면 안 되는 거냐고요?"라고 하며 슈퍼컴퓨터 개발 예산의 삭감을 요구한 여성 국회의원이 있었다. 그해 유행어까지 됐다.

나는 슈퍼컴퓨터에 관한 지식이 전혀 없어서 그 개발 예산의 시비를 논할 수는 없지만, 그녀의 발언에 관해서는 생각할 바가 있었다. '재미있는 얘기네' 하고 감탄도 했고, 동시에 '흐음, 그런가?' 하고 고개를 갸웃거리기도 했다. 만약 내가 예산 담당자이고 국회에서 그런 식으로 의원이 궁지에 몰린다면—그런 경우는 되도록 당하고 싶지 않지만— 어떻게 대답해야 좋을까 생각해보았다.

내가 그때 생각한 말은 '그렇지만 2등이 되는 것도 상당히 어려워요'라는 것이었다. '1등이 될 거야' 하고 노력하다가 힘이 부족해서 결과적으로 2등이 되는 일은 있다. '분명 안 될 거야' 생각하고 했지만, 일이 순조롭게 진행되어 2등이 되는 경우도 있다. 그러나 내 경험으로 볼 때 처음부터 2등이 되려고 노력해서, 그래서 멋지게 2등이 되는 일은 거의 없다.

애초에 '좋아, 내가 열심히 해서 2등이 될 거야' 생각하는 상황 자체가 잘 이해가 안 간다. 한 가지 생각할 수 있는 것은 1등이 너무나 거대하고 압도적이어서 그걸 격파하는 것이 현실적으로 불가능해 보이는 경우. 그러니까 뭐 2등이라도 되면 그것도 아주 잘한 거야, 하고 생각하는 거지.

그런데 상대가 어마어마해서 씨알이 먹힐 것 같지 않다 해도 어떻게든 이겨야지 하고 지혜를 짜서 그 자리를 위협하겠다는 기백이 있으면 거기에 신선한 발상, 새로운 기축이 생겨날……지도 모른다. 처음부터 '뭐, 어쩔 수 없지. 2등도 잘한 거야' 하며 수비 자세로 들어가면 결국은 영원히 2등에서 멈춘다고 할까, 아니 2등도 오래 머물지 못하지 않을까. 뒤따라오는 사람에게 서서히 추월당해 3등, 4등으로 떨어질 가능성도 크다고 생각한다.

나는 솔직히 2등이라는 포지션을 아주 좋아한다. 마라톤으로 말하면 선두 그룹 뒤에 따라가는 것이 좋다. 텔레비전 카메라에 되도록 잡히지 않게 앞사람을 방패막이로 삼아 총총총 달린다. 선두에 서서 내달리는 것은 도저히 성격에 맞지 않는다.

그런데 정신없는 와중에 소설가가 돼버려서, 삼십 년 이상 이것으로 밥을 먹고 있으니 때로는 싫어도 정면에서 맞바람을 받아야 하는 상황이 생긴다. 그럴 때는 아이고, 이런 것 좋아하지 않는데, 생각하지만 아무래도 "저기 두번째는 안 될까요?"라고 말할 여유는 없다. 어쨌든 필사적으로 그곳을 벗어날 수밖에 없다. 그렇다. 어떤 경우에는 2등이 되는 것이 1등이 되는 것보다 훨씬 어렵다.

물론 나와 슈퍼컴퓨터를 같이 놓고 논하는 것 자체가 상당히 문제는 있겠지만, 그 점은 뭐.

 화장실에 들어가서 TOTO라는 로고를 볼 때마다 〈로잔나〉를 흥얼거리는 건 나 뿐인가?

고양이에게 이름을 지어주는 것은

'고양이에게 이름을 지어주는 것은 어려운 일입니다'라는 T.S. 엘리엇의 유명한 시가 있는데, 아시는지?

'그건 단순히 휴일의 시간 때우기가 아닙니다'라고 이어진다. 그 시에서 엘리엇 씨는 고양이는 세 개의 이름을 가져야 한다고 주장한다. 한 개는 평소 부르는 간단한 이름. 이를테면 '나비'라든가. 또 하나는 평소 사용하지는 않아도 하나쯤은 가져야 할 생색용으로 고양이다운 점잖은 이름. 이를테면 음, '흑진주'라든가 '물망초'라든가. 그리고 또 하나는 고양이 자신밖에 모르는 비밀 이름. 그것은 절대 남한테 발설되는 일이 없다.

시인은 참 여러 가지로 세심하구나, 하고 감탄했다. 그러나 그렇게까지 깊이 파고들어 생각하면 고양이에게 이름을 짓는 것은 거의 일대 사업이 돼버린다.

나는 지금까지 제법 많은 고양이를 길렀지만, 이름을 짓는 데 시간을 들인 적이 없었다. 머리에 퍼뜩 떠오른 단어를 그대로 붙여준다. 그때 맥주를 마시고 있었다면 '기린_{일본 주류회사}'으로 짓고, 하얗고

날씬한 고양이는 갈매기를 닮아 '갈매기'라고 지었다. 별로 골치 아프게 생각하지 않는다. 세련된 이름도 점잖은 이름도 좋아하지 않는다. 그래서 시간도 걸리지 않는다. 그러나 이러면 '휴일의 시간 때우기'도 되지 않겠죠.

대학생 때 미타카에 살았는데, 밤에 아르바이트를 마치고 돌아오는 도중에 새끼고양이를 발견했다. 내가 부르니 야옹 하면서 뒤따라왔다. 언제까지고 계속 따라와서 결국 아파트 입구까지 와버렸다. 할 수 없이 방으로 데려와서 먹을 것을 주었다. 고양이는 그대로 우리 집에 정착해버렸다.

특별히 이름을 지어주지는 않았지만, 어느 날 라디오에서, 얼마 전에 기르던 고양이를 잃어버렸다는 사연이 나왔는데 그 고양이 이름이 피터였다. 세상에는 행방불명이 된 고양이가 있는가 하면 남의 집에 어물쩍 들어와서 자리잡는 고양이도 있다. 그래서 '그럼 피터로 할까?' 그렇게 됐다. 아주 턱없이 간단하게 이름을 붙였다.

이 피터는 그대로 우리 집에서 같이 살았지만, 내가 별로 어울려 주지 않았더니 반은 야생화하여 아주 거친 수고양이가 되었다. 아침에 배가 고팠는지 자고 있는 내 얼굴을 여기저기 때려 피투성이로 만든 적도 있다. 그러나 비교적 마음 맞는 구석이 있어서 몇 년간 함께 살았다.

스무 살 전후였던 나는 사귀던 여자친구하고도 잘 안 되고, 학교에도 흥미를 잃고, 좀 힘든 일이 많았지만 그래도 오후의 양지에 고양이와 둘이 앉아 조용히 눈을 감고 있으면, 시간은 나름대로 부드럽고 따스하게 흘러갔다.

피터는 물론 오래전에 죽었고, 여자친구들도 모두 어딘가로 가버렸다(어디로 갔을까?).

고양이에게 이름을 붙이기 어렵다는 것은 아마 맞는 말일지도 모른다. 아니, 이름 붙이는 것 자체는 간단해도 그 이름에 따라오는 무언가는 때로 오묘한 무게를 갖는다.

 개에게는 포치라는 이름을 상당히 많이 붙이던데, 포치는 대체 무슨 뜻일까?

말이 없는 편입니까?

당신은 말을 많이 하는 편인지, 아니면 별로 말이 없는 편인지? 나는 별로 말이 없는 편이다. 상황에 따라 상대에 따라 말이 술술 나올 때도 있지만 평소에는 그다지 말을 하지 않는다. 뭘 자세히 설명하는 것을 귀찮아하는 편이라서 되도록 그런 것은 하지 않는다. 말수가 적어 주위 사람들에게 오해받는 일이 있어도(종종 있다), 할 수 없지, 인생이 그런 거지, 하고 포기한다. 자랑은 아니지만 그런 유의 포기만큼은 아주 빠르다.

전화받는 것도 싫어하고, 파티에서 사람들과 얘기하는 것도 싫어하고, 인터뷰에 답하는 것에도 쉽게 지친다. 메일에 답장쓰는 것조차 힘겹다. 누군가와 대담이나 왕복서간 같은 일을 의뢰받게 되면 전부 거절한다.

잠자코 있으라고 하면 언제까지고 잠자코 있을 수 있다. 그것은 조금도 힘들지 않다. 혼자 책을 읽고 음악을 듣고 밖에 나가서 뛰고, 고양이와 놀다보면 금세 일주일이 지나가버린다. 대학생 때는 혼자 살아서 한 보름쯤 한마디도 하지 않은 적도 있다.

이런 성격은 첫인상이 나쁘다고 할까, 일반적으로 사람들이 좋아하지 않지만 소설가라는 일에는 단연 잘 맞다. 혼자 내버려두면 책상 앞에 앉아 언제까지고 묵묵히 일을 하니까.

다만 그렇게 비교적 과묵한 내 인생에도 예외였던 시기가 있다. 스물넷에서 서른둘까지의 칠 년 반, 가게를 해서 밥을 먹고 살았다. 취업이 끌리지 않아 빚을 내어 가게를 열었다. 재즈 음반을 틀기도 하고 라이브로 연주를 들려주기도 했다.

손님이 오면 상냥하게 "어서 오세요" 인사하고, 단골손님과 나름대로 세상 돌아가는 얘기도 나누었다. '이런 건 체질에 안 맞아' 생각하면서도 생활을 위해서라고 마음먹고 열심히 일했다. 길고 지루한 얘기를 하는 상대에게도—그런 사람 꽤 있죠— 잘 참으며 다정하게 맞장구쳤다. 그 시절에는 나답지 않게 정말 상냥했구나 싶다. 지금 생각하면 스스로도 감탄스럽다.

그런데 당시의 지인을 오랜만에 만나면 "하루키 씨는 옛날부터 정말로 무뚝뚝했다니까. 거의 말이 없었지"라는 말을 적잖이 듣는다. 그렇게 말하면 나로서는 참 화가 난다. 어이어이, 내가 그렇게 고생해서 상냥하게 대했는데 어째서 그런 말을 들어야 하는 건가 싶다. 그럴 것 같으면 처음부터 노력 같은 것 하지 않고 천성대로 했더라면 좋았을걸.

그런데 그 시기에 나름대로 상냥하게 대하려고 '노력한' 감촉은 지금도 내 속에 또렷하게 남아 있다. 당시 결과는 그리 좋지 않았던 것 같지만, 그 기억이 지금의 나를 잘 지탱해주고 있다고 느낄 때가 있다. 일종의 사회훈련 같은 것이다. 인생에는 분명 그렇게 평소와는 다른 근육을 열심히 사용해볼 시기가 필요하다. 설령 당시는 노력의 열매를 맺지 못하더라도.

말 없는 분들, 힘내서 잘 사세요. 나도 보이지 않는 곳에서나마 말없이 응원하겠습니다.

교토 산주산겐도교토에 있는 사찰에 다나카 마사히로일본 프로야구 선수 군과 똑같이 생긴 상이 있습니다. 북을 들고요. 공이면 좋을 텐데.

애욕의   뿌리랄까

 요전에 교토의 변두리를 어슬렁거리며 아침 산책을 하는데 모 여자대학 정문 앞에 '애욕의 뿌리를 자르지 않으면 인생의 고뇌는 영원히 사라지지 않는다'라는 표어(라고 할지)가 크게 걸려 있었다. 아마 불교계 학교일 것이다. 그 게시판 앞을 요즘 유행하는 차림을 한 여대생들이 묵묵히 오가고 있었다. 상당히 기묘한 광경이었다.
 그들이 매일 그 표어를 보며 '그래, 애욕이란 건 역시 힘든 거야'라고 생각하는지, 아니면 '무슨 소리 하는 거야. 애욕이 어때서. 바보 아냐?'라고 생각하는지 나는 물론 모른다. 그러나 여자대학 정문 앞에 굳이 이런 메시지를 걸어놓은 의미가 있을까? 나는 꽤 심각하게 생각에 잠겼다.
 겨우 스무 살 전후의 파릇파릇하고 건강한 여성들이 '그렇구나'라고 생각하고 애욕의 뿌리를 단칼에 싹둑 잘라버리면, 그 결과 아이들이 태어나지 않을 테고 당연히 인구문제에도 영향이 있을 텐데. 그러니 애욕은 역시 적당히 남겨두는 편이 좋지 않을까, 나는 그렇게 생각한다. 뭐 물론 애욕뿐만 아니라 어떤 것이든 과도하면

나름대로 문제가 생기겠지만.

애욕에 뿌리는 있는가? 라고 당신은 물을지도 모른다. 묻는다면 나는 대답할 수밖에 없지만(뒤를 돌아봐도 아무도 없을 테니), 뿌리는 확실히 있는 것 같다. 뿌리가 있으니 꽃이 피겠지. 그럼 그 뿌리는 어디로 뻗어 있는가? 으음, 잘 모르는 그 어딘가쯤에 뻗어 있다. 나는 꽤 오래 이 세계에 살고 있지만, 대체 어떤 곳인지 실은 아직 제대로 파악하지 못했다. '대강 이쯤이려나' 생각하지만 정확한 위치는 불명확하다.

그런데 그 뿌리의 상태와 토양의 질을 당사자도 잘 모르기 때문에 그 기능을 제대로 파악하기 어렵고, 결과를 예측하기 어렵기 때문에 인생의 전개는 재미있는 거지, 하는 점은 있다. 모든 것이 딱딱한 취급설명서·보증서를 첨부하는 것으로 논리적이고 윤리적으로 해명된다면, 살아가는 일은 분명 몹시 지루한 작업이 될 것이다.

삼십 년쯤 전의 일이지만, 어느 미국 잡지에서 '사람이 늙는다는 것'이라는 특집을 다루었다. 그 가운데 어떤 사람이 "나이 든 것이 고마울 때가 몇 가지 있는데, 그 하나는 젊은 날의 격렬한 성욕의 멍에에서 해방된 것이다"라고 발언했다. 당시 아직 충분히 젊었던 나는 '흐음, 그런가?' 하고 반신반의하며 그 기사를 읽었던 걸 기억한다.

그래, 지금은 그것에 대해 어떻게 생각하느냐고 묻는다면, "예스&노(그런 것도 있고, 아닌 것도 있다)"라고밖에 대답할 수 없다. 그다음의 자세한 사실 관계는 본인이 직접 나이를 먹고 본인이 직접 발견하시도록! 뭐, 애욕이라는 것은 어디까지나 개인적인 것이니까.

그런데 말이죠, 아침 댓바람부터 그런 것, 진지하게 생각하게 만들지 좀 말라고요.

 교토는 옥돔 순무찜이 맛있는 계절이 되었군요.

높은 곳이 고역

나리타 공항에서 차를 타고 도쿄로 향하고 있을 때, 낯선 탑 같은 것이 높이 보여서 저게 뭐지 했더니 스카이트리였다. 잠깐 못 본 사이 아주 높아져 있었다. 지인의 아이를 보는 것 같았다. '모르는 사이 많이 컸구나' 하는 식으로.

그러나 스카이트리에 특별히 흥미가 있는 것도 아니고 완공돼도 아마 가지 않을 것이다. 왜냐하면 원래 높은 곳을 좋아하지 않기 때문이다. 요컨대 고소공포증이다. 동굴이나 우물이나 그런 곳에는 흥미가 있지만 높은 곳에 올라가고 싶은 심리는 잘 모른다.

그런데 아내는 높은 곳을 무척이나 좋아해 여행지에서 높은 건물이나 절벽을 만나면 바로 그리로 올라가고 싶어한다. 그래서 전 세계의 여러 높은 곳을 다녔다. 그때마다 농담이 아니라 진심으로 무서웠다.

올라가는 건 괜찮지만 아래를 내려다보면 다리가 얼어붙어 제대로 내려가지 못한 적이 몇 번이나 있었다. 계단 난간을 꼭 잡고 바짝 굳은 얼굴로 되도록이면 아래를 보지 않으려 애쓰며 내려가는

데, 지나가는 아이가 '이 아저씨, 뭐 하는 거래?' 하는 얼굴로 의아하게 쳐다보았다. 어쩔 수 없잖아, 누구에게든 약점 한 가지 정도는 있는 법이야, 라고 소리치고 싶었지만 아이를 상대로 그럴 수도 없고······.

내가 유일하게 자발적으로 올라간 높은 장소는 멕시코의 피라미드다. 피라미드는 아래에서 보면 그리 높아 보이지 않는다. 그래서 마음 놓고 혼자 휙휙 올라가 정상에 도착했다. 그런데 꼭대기에서 내려다보니 이것이 실로 무서운 것이다. 올라갈 때는 완만하게 느껴졌던 경사가 마치 절벽처럼 깎아지른 듯 보였다. 다리가 후들거리고 식은땀이 났다. 그렇지만 몸 상태가 안 좋은 스파이더맨 같은 꼴로 바위에 매달리듯이 하여 천천히 지상으로 내려왔다.

어린 시절 집에서 기르던 새끼고양이가 정원에 있는 키 큰 소나무에 기세 좋게 올라간 것까지는 좋았는데, 아래를 보더니 몸을 잔뜩 움츠리고 그대로 내려오지 못하게 된 적이 있다. 그 마음을 잘 안다. 밤새 야옹야옹 죽는다고 울었지만 나도 도와줄 방도가 없었다. 아침에 일어나 어떻게 됐나 보러 갔더니 더는 소리도 들리지 않았다. 그러고는 두 번 다시 그 모습을 보는 일은 없었다.

그 새끼고양이는 대체 어디로 사라진 걸까. 지금도 이따금 신기하게 생각한다. 설마 그대로 소나무 큰 가지 위에서 아사하진 않았을 테고, 그렇다면 새끼고양이에게 무슨 일이 일어난 걸까?

어쩌면 새끼고양이는 창피한 모습을 사람들에게 보여준 것이 부끄러워서, '좋아, 이 고소공포증을 극복할 때까지 집에 돌아가지 않을 거야' 결심하고, 혼자 무사 수행을 떠났을지도 모른다. 그리고 전세계의 높은 곳을 찾아다니며 자신을 단련하여 고치려 했을지도. 그런데 뭔가 이유가 생겨 집으로 돌아오지 못하게 된 것이다. 그렇게 생각하니 새끼고양이가 불쌍하다. "괜찮아, 누구에게나 약점 한 가지 정도는 있으니까"라고 말해주고 싶지만, 뭐 옛날 일이고 상대는 어차피 고양이인지라.

 노다 수상과 주니치 드래건스의 모리노는 눈초리가 닮지 않았나요?
좀 촉촉한 것이.

가난해 보이는가

 자주 가는 근처 초밥집 주인과 카운터 너머로 얘기하던 중에, "지금이니 하는 말입니다만, 무라카미 씨가 처음 우리 가게에 왔을 때 많이 걱정했답니다" 하고 고백하듯이 털어놓았다. 무슨 얘긴가 했더니, 내가 계산을 못 하면 어쩌나 하고 걱정했다는 것이다.
 "예에? 그렇게 가난해 보였나요?" 물었더니, "보였습니다" 하고 거침없이 정직한 대답이 돌아왔다. 그때까지 그런 건 전혀 생각한 적도 없었지만, 듣고 보니 확실히 반바지 차림에 슬리퍼를 끌고 안면이 없는 아오야마의 초밥집에 들어가면 지불 능력을 걱정할 만도 할 것 같다. 야쿠르트 스왈로스의 모자를 쓰고 수염까지 덥수룩하게 기르고 있으면 이야기는 더욱 골치아파지겠지.
 그러고 보니 가게에 갔을 때 자리가 듬성듬성 비어 있는데, 힐끔힐끔 차림새를 보고는 "죄송합니다. 지금은 예약이 다 차 있어서" 하고 쫓겨난 적이 몇 번 있었다. 으음, 그랬구나, 그 정도로 돈이 없어 보였구나.
 좀더 멀쩡하게 차려입고 다니면 좋겠지만, 종일 집에서 일을 하

고 있으니 적당한 옷을 입고 적당히 사는 것에 익숙해져버렸다. 그러나 아무리 그래도 제대로 된 일반 시민으로 보일 정도로는 외모에 신경을 써야 할 것 같다.

전에 나가노 현 산속에 있는 온천 여관에 머물렀을 때의 일이다. 아마 차림이 허술하게(라고 하는 것이 온화한 표현) 보였던 모양이다. 보잘 것 없는 방으로 안내하더니 지극히 최소한의 서비스를 해주었다. 적당히 방치된 나는 편안한 마음으로 한가롭게 쉬었다. 나오는 식사도 내용은 변변찮았지만, 소박하고 신선하여 꽤 맛있었다.

그런데 다음 날 갑자기 훌륭한 방으로 옮겨주고, 아주 고급스러운 식사가 나왔다. 대체 무슨 일이 일어난 거지? 고개를 갸웃거리는데, 온천 안주인이 오더니 "어머나, 선생님인 줄 모르고 결례가 많았습니다"라는 인사를 했다. 그다음부터 갑자기 긴장되고 어깨가 결려, 일찌감치 돌아와버렸다. '선생님'이란 말은 평소 들을 일이 없으니 그 호칭으로 불리면 피곤해진다. 하지만 그렇다고 갑자기 손바닥 뒤집듯 태도가 달라지다니.

그 옛날 대부호가 가난한 사람으로 변장해 고급 레스토랑에 간 얘기를 읽었다. 아마 캐스트너의 소설이었던 것 같은데, 자신은 없다. 그곳은 단골 가게였지만 변장을 잘해 정체는 탄로나지 않았다. 문전박대당하기 직전 그는 변장을 벗고 "어이, 어이, 나야, 나" 하고 밝힌다. 그러나 가게 주인은 "당신이 누구든 거지 차림을 하면 거지입니다"라고 말하면서 쫓아냈다고 하는 얘기로 기억한다. 미친놈인 척하고 알몸으로 거리를 달리면 그건 바로 미친놈이다, 라는 것과 같은 이치다. 일단 올바른 세계관이다.

그런 이치로 보자면 여관 주인도 '흠, 소설가인지 뭔지 모르겠지만, 빈티나게 입었으니 가난한 사람이지' 하고 내버려두었더라면 좋았을 텐데 말이다. 그러면 나는 더 편하게 널브러져서 행복하게 있을 수 있었을 텐데.

 나는 곧잘 지갑 챙기는 걸 잊어버리는 편이니 초밥집 주인의 걱정이 그리 근거 없는 건 아닙니다.

말도 안 되는 거리, 험한 길

"왜일까?" 하고 궁금해하면서도 오래도록 모르는 채 그냥 둔 것이 몇 가지 있다고 앞에서 썼다.

예를 들어 미국 인디언은 어째서 수염을 기르지 않는 걸까? 마라톤 전쟁의 승리를 알리기 위해 아테네까지 달린 전령은 왜 말을 이용하지 않았을까?

지금까지 여러 사람에게 물어봤지만, 다들 "글쎄요, 왜 그랬을까요?"라고 할 뿐, 답을 해주는 사람은 한 사람도 없었다. 되레 '그런 걸 진지하게 생각하다니 무라카미 씨도 참, 어지간히 한가한가 보군요' 하는 어이없는 표정을 짓는다. 뭐, 한가하다고 하면 한가하긴 하지만.

그러나 노르웨이 작가, 토르 고타스가 쓴 《러닝》이라는 책을 얼마 전에 읽고, 마라톤 문제에 대해 오랜 세월 묵혀둔 의문이 풀렸다. 표현이 그리 아름답진 않지만 커다란 귓밥을 파낸 듯이 개운했다.

고타스 씨에 따르면 그리스에서 전령은 온전히 직접 달리는 걸로 정해져 있다고 했다. 말을 타고 달려가면 아무래도 눈에 띄어

"아, 저건 전령이다" 하고 알리는 셈이 되어 적에게 화살을 맞을 수도 있다. 하지만 그냥 달리는 사람은 눈에 잘 띄지 않는다. 말을 타고는 가지 못할 좁은 길이나 험한 길도 거침없이 갈 수 있다.

그리스에는 험한 산이 많고 도로도 잘 정비되어 있지 않아서, 장거리를 빨리 달릴 수 있는 전령을 귀히 여겼다. 과연, 말보다 사람이 실용적이었던 것이다. 그렇게 설명을 듣고 나니 이해가 됐다.

역사가 헤로도토스에 따르면 필리피데스라는 전령은 마라톤 전쟁 전에 지원군을 요청하는 서한을 들고 아테네에서 스파르타까지 이틀에 걸쳐 약 466킬로미터를 달렸다.

나도 같은 여정을 낡은 렌터카로 달린 적이 있다. 깎아지른 듯한 산속을 빠져나갈 때는 아무리 액셀러레이터를 밟아도 차가 언덕을 올라가지 못해 무진장 고생했다. 그런 곳을 달려서 넘어갔다니, 생각만 해도 가슴이 아프다.

그러나 스파르타 왕의 대답은 "노"였다. 지원군은 보낼 수 없다. 필리피데스 씨는 실망하면서 같은 길을 또다시 달려서 돌아왔다.

그리고 일설에 따르면 그는 잠시도 쉬지 않고 그 길로 마라톤까지 40킬로미터 넘는 길을 달려 전쟁의 결과를 지켜본 다음 다시 달려서 아테네로 돌아가, "이겼다!" 하고 시민에게 알리고 그대로 숨을 거두었다.

그럼 죽을 만도 하지, 라고 나도 생각한다. 말도 안 되는 거리인데다 길도 험하니까. 아무튼 대단하다. 당시의 그리스 전령에게 현대의 마라톤 경기를 달리게 해보고 싶다.

이 책에는 그밖에도 재미있는 에피소드가 많이 소개되어 있다. 예를 들어 로마의 철학자 세네카도 달리기를 좋아해서 틈만 나면 달렸다. 지방을 빼면 사람의 지적 활력을 왕성하게 한다고 믿었다. "마음에 갈등이 있으면 숨을 크게 들이마시고 산꼭대기까지 뛰어서 올라갔다 오면 된다. 모든 것이 깨끗해질 것이다"라고 얘기한다.

'지방을 태우면 현명해진다! 현자 세네카의 달리기론' 같은 책을 냈더라면 로마의 베스트셀러가 됐을지도.

 아테네에서 스파르타까지 달리는 울트라레이스가 지금도 있지만, 아무리 그래도 왕복은 하지 않는다.

신호대기　　중의　　양치질

　운전하다 신호대기가 길어지면 차 안에서 당신은 무엇을 하시는지? 나는 곧잘 이를 닦는다. 항시 칫솔을 구비하고 있다가 치약도 물도 없이 그냥 천천히 구석구석까지 닦는다. 익숙해질 때까지 시간이 조금 걸리지만 일단 익숙해지면 언제 어디서라도 간단히 양치질을 할 수 있어 아주 편리하다.
　가끔 맞은편 차의 운전자가 그런 내 모습을 멍한 얼굴로 바라보는 일이 있다. '물 없이 어떻게 이를 닦지?'라는 물음이 얼굴에 생생하게 쓰여 있다. 음, 모든 것은 훈련이다.
　덕분에 치과의사에게 정기검진을 가면 "무라카미 씨는 바쁘실 텐데 치아가 참 깨끗하시네요." 하고 감탄한다. "아뇨, 특별히 바쁠 것도 없습니다만." "아이고, 그런 겸손을……."
　나는 인생에서 '그때 이렇게 했더라면'이라든가, '그것만 하지 않았더라면' 하고 후회하는 일은 거의 없지만, 양치질만큼은 좀 후회한다. 혼자 살던 학생시절, 거의 양아치 같은 생활을 하다보니 양치질 같은 것도 대충하고 살았다. 덕분에 나중에 몇 번이나 치과 신세

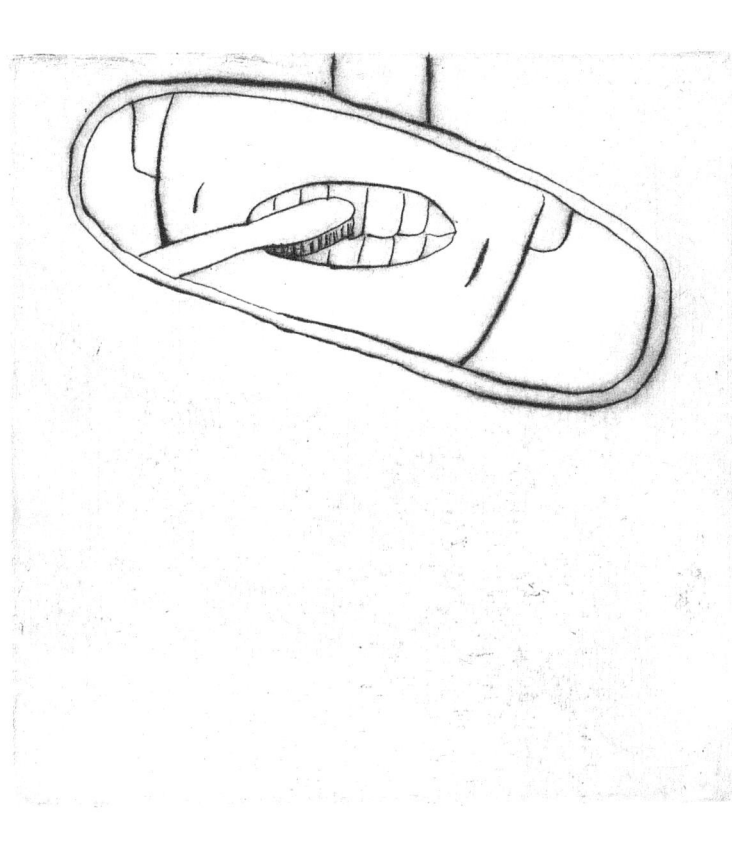

를 지게 되어, 수고도 들고 돈도 들었다.
 그래서 어느 시점부터 바지런하게 양치질을 하게 되었다. 차 안에도 칫솔을 두게 되었다. 그래도 한번 나빠진 치아는 원래대로 돌아가지 않는다. 그런 이유로 양치질은 내가 후회하는 몇 안 되는 일의 하나가 되었다.
 한 번 더 인생을 되풀이한다면(되풀이하고 싶지 않지만), 식후 양치질만큼은 확실히 실천하고 싶다.

 양치질 정도는 아니지만 내가 또 한 가지 후회하는 것은 피아노를 그만둔 것. 어린 시절 꽤 오래 배웠는데 중학교에 들어가기 전 여러 가지로 바빠져 그만둬버렸다.
 뭐, 대단한 음악적 재능은 없었으므로 그대로 계속했더라면 훌륭한 피아니스트가…… 하는 일은 있을 리 없겠지만, 그래도 더 제대로 배웠더라면 복잡한 악보도 자유자재로 읽을 수 있었을 테고, 그렇게 되면 음악을 듣는 방식도 지금과는 상당히 다르지 않았을까.

그밖에 지금까지의 인생에서 후회하는 일이 있었던가? 신호를 기다리는 차 안에서 이를 닦으며 떠올려봤지만 의외로 생각나는 게 없다.

여자관계에 관해 말하자면 '그때, 하려고 마음만 먹으면 할 수 있었을 텐데' 하는 사례는 몇 번이나 있지만 그건 특별히 후회할 정도의 일은 아니다. 할 수 있었지만 하지 않은 것은 일종의 가능성의 저축 같은 것이라고 생각한다. 그런 저축의 온기가 시간이 흐름에 따라 때로 우리의 춥디추운 인생을 서서히 훈훈하게 해준다.

어쨌든 하는 편이 낫다, 라는 말이 반드시 옳지는 않다는 것이 무라카미의 이번 에피소드의 결론입니다. 그런데 어째서 양치질 얘기에서 이런 얘기로 새버린 거지?

 전혀 상관없는 이야기지만, 스키야키에 새송이버섯을 넣는 것은 반칙일까요?

이런   방법으로   죽는   것만은

 이런 방법으로 죽는 것만은 싫다, 하는 죽는 법이 있다. 죽는 것 자체가 그리 즐거운 일이 아니지만 그래도 부디 이렇게만은 죽고 싶지 않다고 생각하는 종류가 있다.

 나는 옛날부터(어째서인지), 사람이 여러 가지 잔혹한 방법으로 죽는 모습을 기억 속에 모아두는 경향이 있어서 술자리 같은 데서 그 내용을 세세하게 설명하다가 남들한테 핀잔을 듣는다. 어째서인지는 잘 모르겠지만.

 《태엽 감는 새》라는 장편소설에 몽골인에 의해 산 채로 껍질이 벗겨져 살해당한 일본인 장교 얘기를 쓴 적이 있다. 그 대목은 철저하게 속속들이 묘사했다. 그 작업은 나 자신에게도 몹시 불쾌하면서 괴로웠고 쓰면서 실제로 그 통증(에 가까운 것)을 따끔따끔 피부에 느낄 정도였다.

 이 작품은 많은 외국어로 번역되었는데, 여러 번역자에게서 불평의 편지가 날아왔다. "무라카미 씨, 이 장면을 번역한 덕분에 며칠이나 무서운 꿈을 꾸었어요" 하는.

나도 미안하게 생각한다. 그러나 어쩔 수 없다. 이야기상 그런 묘사가 필요해서 쓴 것이지 절대 나도 좋아서 한 일은 아니다.

시베리아 삼림은 여름이 되면 흉포한 벌레들로 넘쳐난다. 1997년에 그곳을 여행한 영국인 학자는 이렇게 적고 있다.
거대한 말벌을 닮은 노란색과 검은색의 줄무늬 벌레는 당나귀의 두꺼운 가죽을 순식간에 침으로 찔러 피를 빤다. 정신을 차렸을 때는 그 가엾은 동물이 피투성이가 되어 쓰러져 있다. 잘 때도, 걸을 때도 식사할 때도 하여간 항상 주위에 벌레가 버글버글해서 벌레 퇴치용 향을 피워야 한다. 만약 생물에게 생지옥이라고 불러야 할 시기가 있다면 그것은 남부 시베리아의 여름이다.
북쪽 맨 끝 지방이어서 여름이 짧다보니 그동안에 벌레들은 필사적으로 영양을 비축하여 번식하려고 한다. 그만큼 유별나게 포악해진다.
이러한 땅에 구 소비에트 정부는 강제수용소를 만들어 무수한 죄수들을 들여보냈다. 반항하는 죄수는 여름날에 알몸으로 나무에 묶어놓고 벌레에 물리도록 방치했다. 벌레들은 알몸에 득달같이 달려들어 죄수들이 단시간에 죽음에 이르도록 피를 빨아먹었다고 한다. 가능하다면 이런 방법으로는 죽고 싶지 않다. 상상만 해도 속이 울렁거린다. 모기한테 몇 군데만 물려도 불쾌한데 이런 일을 당한다면……

한편 겨울이면 반항하는 죄수를 역시 알몸으로 나무에 묶어 밤새 얼어 죽게 했다. 벌레한테 물리는 것도 싫지만, 동사도 좀 곤란하다. 둘 중 하나를 고르라고 해도 말이지요.

칭기즈칸은 도시를 점령하면 잡아들인 귀족 몇 백 명을 나란히 눕혀놓고 그 위에 거대한 특제 나무판을 올린 뒤 그곳에서 연회를 열어 짓이겨 죽였다고 한다.

아, 싫다. 이런 꼴도 가능한 한 당하고 싶지 않다. 세상에는 정말로 끔찍하게 죽는 법이 다양하기도 하다.

 '후리free다이얼'과 '후린不倫다이얼'은 자칫 잘못 알아듣기 쉽죠.

워싱턴D.C.의   호텔에서

미국에 산 적도 있으니 당연한 일이겠지만 미국인과의 개인적 교제도 제법 있었다. 물론 다 같은 미국인이라 해도 참으로 여러 종류의 사람이 있다보니 그들을 상대로 즐거웠던 적이 있는가 하면 화난 일, 실망한 일도 있다. 세계 어디서나 (아마) 마찬가지일 테지만.

그런데 미국인에 대해 생각할 때마다 워싱턴D.C.에서의 어떤 사건이 생각난다. 그때 나는 백악관 정문 바로 근처에 있는 호텔에 체크인하려는 참이었다. 조지타운 대학에서 신입생 대상으로 강연을 하게 되었는데, 일본에서 비행기로 막 도착한 터라 나도 아내도 녹초가 되어 있었다.

프런트는 공교롭게 붐비고 있었다. 빨리 방에 가서 샤워하고 싶다고 생각하면서 줄을 서서 차례를 기다렸다. 드디어 내 차례구나 싶은 순간, 백인 남자가 옆에서 끼어들었다. 핀 스트라이프 슈트에 화려한 넥타이를 맨 그야말로 우파 로비스트 같은 당당한 체구의 중년 남자였다.

"저기요, 내가 먼저 서 있었는데요"라고 하자, 그는 "당신은 그

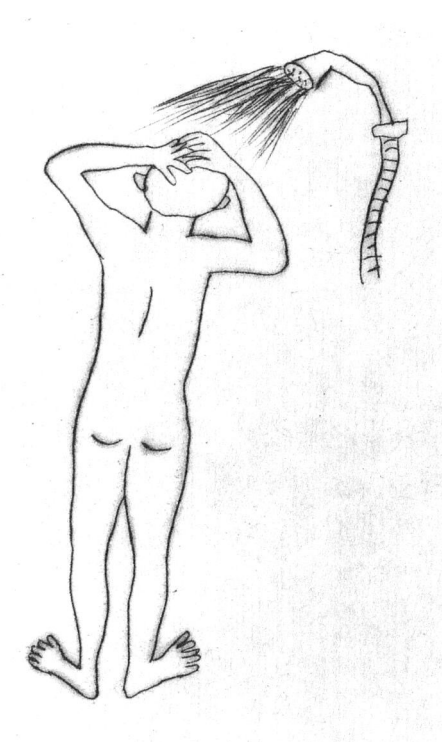

쪽에 서 있었잖아. 난 이쪽에 서 있었다고"라며 억지를 부렸다. 그런데 프런트 앞 사람들은 자연스럽게 한 줄로 차례를 기다리고 있었기 때문에 그런 건 핑계가 안 된다. 하지만 남자는 내 항의에 상대도 하지 않았다. 그러자 내 뒤에 있던 백인 남자가 "당신이 잘못했어요. 이쪽 신사는 계속 줄을 서서 차례를 기다리고 있었다고요. 그런 식으로 새치기하는 건 옳지 않아요" 하고 나를 위해 항의해주었다.

그 사람은 몸집이 작고 마른 편에 안경을 끼고 있어 어떻게 봐도 풍채에서 밀렸다. 공립 고등학교 역사 선생님처럼밖에 보이지 않았다. 로비스트는 그를 찌릿 째려보더니 코웃음으로 묵살하고 그대로 먼저 체크인해버렸다. 나와 그 사람은 포기하고 서로를 보며 고개를 저었다. 그런 유의 인물에게 도리를 설교하는 것은 움직이는 불도저를 저지하는 것보다 어렵다. "미안합니다. 미국인이 모두 저렇진 않아요." 그는 변명하듯 말했다. 나는 "물론 알고 있습니다. 일본에도 되먹지 못한 놈들은 많이 있으니까요. 어쨌든 고맙습니다" 하고 응수했다. 그리고 우리는 악수를 하고 헤어졌다.

 미국인에 대해 생각할 때 나는 항상 그 두 사람을 떠올린다. 핀 스트라이프 슈트를 입은 거만한 로비스트(아마도)와 나를 위해 항의해준 야윈 고교 교사(아마도). 힘과 돈이 전부라는 타입과 어디까지나 사회의 공정함을 믿는 타입. 물론 그런 도식은 어느 나라에든 있지만, 미국의 경우 그 낙차가 아주 큰 것 같다. 전자를 만나면 '아아, 이제 이런 곳 싫네'라고 생각하고 후자를 만나면 '이러니저러니 해도 미국은 제대로 된 나라라니까' 생각한다.

 한 가지 더, 이 사건으로 내가 배운 것은 일본에서 곤란한 일을 겪고 있는 외국인을 발견하면 기꺼이 도와주어야겠다는 사실이다. 여러분도 그렇게 해주십시오.

 '시티뱅크' 간판을 보면 바로 소리내어 읽게 되는데, 내가 이상한 건가?

상상 속에서 본 것

시인 아르튀르 랭보는 일찍이 "보통 사람들이 상상 속에서밖에 볼 수 없는 것을 나는 이 눈으로 봐왔다"라고 했다.

랭보가 그러한 것을 실제로 두 눈으로 봐왔는지 혹은 시인의 눈으로 비유적으로 봐왔는지 그 점은 확실하지 않지만, 아무튼 멋있다. 이런 말을 들으면 역시 '시인이구나' 하고 감탄하지 않을 수 없다. 내가 같은 말을 하면 "아, 예, 그렇습니까. 그거 좋군요. 그래서 아까 하던 흰 오징어 얘기 말인데요……" 하고 바로 다른 화제로 넘어가버릴 것 같지만.

어느 잡지 인터뷰 때 이 랭보의 말을 인용하여 얘기했다. 그걸 원고로 정리하는 단계에서 편집자가 "그런데 무라카미 씨 그 랭보가 한 말 말인데요, 어디서 인용했습니까?" 물었다. 아마 랭보나 그 주변 사람의 전기였던 것 같은데 제목이 떠오르지 않았다. 편집자는 여기저기 찾아봐주었지만, 출전이 판명되지 않아 그 발언은 적당히 얼버무리는 형태가 되었다.

지금도 '그게 어느 책이었더라?' 고개를 갸웃거리지만, 여전히

불명확하다. 그런 일이 종종 있다.

다만 내 경우, 한 가지 문제가 되는 것은 인용 내용을 곧잘 획 바꾸거나 혹은 무의식중에 변경한다는 것이다. 심할 때는 '이런 발언 같은 것이 들어가면 좋겠네' 싶어서 직접 적당한 문구를 지어내놓고, 시간이 지나 지어냈다는 사실을 잊어버리기도 한다. 그렇게 되면 물론 출처 따위 알 리가 없다.

아르튀르 랭보까지는 가지 않더라도 나 같은 평범한 소설가도 상상 속에서밖에 볼 수 없는 것을 매우 리얼한 실물로 보는 일이 있다고 할까, 보고 있다고 느끼는 일이 있다.

예를 들어 나는 모르는 장소에 대해 쓰는 걸 좋아한다. 한 번도 간 적 없는 몽골 작은 마을의, 시코쿠의 잘 모르는 마을의 정경을 묘사한다. 상상력을 구사하여 '이곳은 아마 이러이러한 곳으로 이러이러한 사람이 살고 있겠지' 짐작하고 세세한 부분까지 마치 본 것처럼 구체적으로 써나간다. 그런 작업은 무척 즐겁다. 실제로 본

적 있는 풍경보다 오히려 마음껏 생생하게 묘사할 수 있다.

그래서 책을 다 쓰고 난 뒤, 실제 그 장소에 가보는 일이 있다. '혹시 엄청나게 터무니없는 걸 쓴 건 아닐까' 조마조마하면서 가보지만, 대부분의 경우 '뭐야, 내가 쓴 대로잖아?' 하게 된다. 내가 책상 앞에서 상상한 그대로의 풍경이 그곳에 있다. 나무가 자란 모습이며 강이 흐르는 모습이며 공기 냄새며, 세부에 이르기까지 깜짝 놀랄 정도로 똑같다.

그러나 이것은 오히려 랭보 씨와는 반대로 '평범한 사람들이 실제 눈으로밖에 보지 못하는 것을 나는 상상 속에서 봐왔다'고 하는 게 되겠죠. 아니, 그러니까 그 흰 오징어 얘기는 빼고…….

 만약 '세제의식'이라는 게 있다면, '오늘도 더러운 양말과 함께구나'라고 생각할지도.

젖은 바닥은 미끄러진다

코펜하겐 시내를 산책하다가, 쇼윈도에서 '극도 건조하세요'라고 일본어로 프린트된 티셔츠가 걸려 있는 걸 보았다. 엉? 하고 가까이 가서 보았더니 아래에 'super dry'라는 영어가 있었다. 오호라, 그 말을 일본어로 직역한 것이었다. 의미로는 일단 맞지만, 일본어 문장으로는 좀 부자연스럽다. '극도 건조하세요', 포스트모던한 소설 제목으로는 어울릴지도 모르지만.

그러나 그 삐걱거리는 어감이 재미있어서 셔츠를 사 종종 그걸 입고 도쿄 시내를 걸어다녔다. 그 가게에서는 그밖에도 기묘한 일본어 문장을 프린트한 셔츠를 팔고 있었다. 유럽에서는 분명 일본어가 비주얼적으로 멋있을 것이다. 내용이 어떻든 간에.

그런데 건조라고 하니 생각나는데, 미국 어느 공항 화장실에 '젖은 바닥은 미끄러진다'라는 일본어 주의문이 있었다. 영어로는 'Slippery when wet'인데 그걸 단순히 직역한 것. 그러나 '젖은 바닥은 미끄러진다'라고 하면 마음의 준비가 전혀 되어 있지 않을 때에 선禪의 난해한 공안公案을 쓱 들이대는 것 같아서 상당히 움찔

하게 된다. 거기에는 뭐랄까, 깊은 뜻을 내포한 내적 성찰이 있는 것처럼 느껴진다. 올바른 일본어로 쓴다면 '바닥이 미끄러지기 쉬우니 주의하세요'라고 할 것이다. 그런데 그러면 메시지가 길어지면서 원문이 주는 절박감이 덜해진다. 이렇게 생각하면 '젖은 바닥은 미끄러진다'라는 표현이 오히려 상황에 더 잘 어울리는 메시지 같다.

그래서 무슨 말을 하고 싶은 건가 하면 일본어는(이랄까 언어는) 우리가 보내고 있는 일상생활 속에서 날마다 쉴 새 없이 변화하고 있다는 것이다. 이전까지의 감각으로는 '뭔가 이상한 일본어'라고 생각했던 것이 눈에 익숙해지고 귀에 익숙해지면, '이쪽이 더 기분에 맞을지도' 하고 우리의 어휘로 온전히 수용되어, 어느샌가 일본어로서 포지션을 얻게 된다.

'젖은 바닥은 미끄러진다'라고 하는 문구를 처음 보았을 때는 '어라, 이상한 일본어네' 하고 고개를 갸웃거려도, 만약 자주 보게 된다면 그건 당연한 표현으로 사람들에게 인식될지도 모른다. 화장실에 들어가서 '젖은 바닥은 미끄러진다' 이외의 주의문을 보았을 때 오히려 낯설게 느낄지도 모른다.

흔히 '아름다운 일본어'니 '바른 일본어'라고 하지만, 아름다운 것, 바른 것은 사람 각각의 마음속에 있는 것으로 말은 그 감각을 반영시키는 도구에 지나지 않는 게 아닐까? 물론 말은 소중히 해야 하지만, 말의 진짜 가치는 말 그 자체보다 말과 그것을 사용하는 사람의 관계성 속에 있는 게 아닐까?……라는 생각을 화장실에서 볼일을 보는 내내 했습니다. 미안합니다. 손은 깨끗이 씻었으니 괜찮습니다.

 비행기에서 나오는 와인은 선택을 잘 하더라도 온도가 엉터리일 때가 많더군요. 안타깝습니다.

끔찍한 것과 비참한 것

'인생은 끔찍하거나 비참하거나 둘 중 하나다.' 영화 〈애니 홀〉에서 우디 앨런은 인생을 그렇게 정의했다. 그래서 만약 당신이 뭔가 끔찍한 경우를 당했다면 오히려 안도해야 한다, 고 그는 진지하게 주장한다. '아아, 끔찍한 일 정도여서 다행이야. 비참한 일은 아니어서 살았네' 하고.

영화에서는 그다음에 뭐가 끔찍하고(호러블하고), 뭐가 비참한가(미저러블한가) 하는 구체적인 정의가 계속되지만, 표현의 문제가 있어서 여기서는 그걸 인용할 수 없다. 관심 있는 사람은 꼭 찾아 빌려 보시길.

이 영화에는 그밖에도 재미있는 대사가 많다. "(너무 당황해서) 엉겁결에 머리부터 바지를 벗어버렸어" 하는 말이 나는 참 좋다. 몇 번을 봐도 재미있는 영화다.

앨런의 인생에 대한 정의는 얼핏 보면 부정적인 것 같지만, 견해를 바꿔 보면 의외로 긍정적인 세계관이기도 하다. 적어도 실용적이기도 하고.

예를 들어 (일단 예를 들어입니다만) 어느 날 신문 문화면을 펼쳤더니, '무라카미 씨에게는 작가로서의 재능이 조금도 없다. 머리는 원숭이보다 나쁘고 인격은 천박하기로 정평이 나 있다' 이런 글이 있다 치자. 그런 기사가 전국 가정에 배달돼 읽힐 생각을 하면 나로서는 기가 막힌다.

그러나 정신을 가다듬고 곰곰이 생각해보면 도촬이라든가 데이트 폭력으로 체포되어 사회면을 떠들썩하게 하는 데 비하면 훨씬 나은 상황이다. 만약 그렇게 되면 부끄러워서 세상에 얼굴을 들지 못할 것이다. 무능하네 바보네 천박하네 하고 욕먹는 정도로 끝나서 그나마 다행이었다고 생각해야 할 것이다. 적어도 범죄행위는 아니니 당당하게—까지는 아니더라도, 뭐 자연스럽게 조용히 거리를 걸을 수 있다.

게다가 기술상 약간의 과장이 있긴 하지만 확실히 머리도 그리 좋지 않고(나보다 머리 좋은 원숭이가 분명 세상에 몇 마리나 있을 것이다), 인격에도 조잡스런 부분이 있을지 모르지, 하고 스스로 반성할 것이다. 그렇다고 그런 걸 굳이 전국지에 써대지 않아도 좋을 텐데, 하고 투덜거리긴 하겠지만.

그러고 보니 '무라카미 하루키는 위선적이다'라고 비판받은 적이 있다. 물론 기분이 좋지는 않았지만, 그렇다고 "아뇨, 나는 위선적인 사람이 아닙니다"라며 벌떡 일어나 단언할 수 있는 사람이 세상에 얼마나 될까? 적어도 나는 못 그런다. 내 속에는 물론 위선적인 부분이 있고(전혀 없는 사람이 있을까?), 그걸 부정하는 것이야말로 무엇보다 위선적인 행위다.

일단 전업 소설가라는 간판을 내걸고 생활하고 있으니, 따가운 눈총을 받을 때도 있다. 흙덩어리가 날아오기도 한다. 여간해서는 상처 없이 살아갈 수 없다. 그러나 그때마다 '이 정도로 끝나서 다행이야. 더 비참한 지경이 됐을지도 모르는데. 어쨌든 도촬과 데이트 폭력만은 하지 않아야지' 하고 긍정적으로 마음을 다잡습니다. 아니, 그런 일은 원래 하지 않지만요.

 지금까지 소매치기한 적도, 스토킹한 적도, 곰을 괴롭힌 적도 없습니다. 정말로.

제일 맛있는 토마토

에세이를 연재하다보면 '꼭 쓰게 되는' 토픽이 몇 가지 나온다. 내 경우, 고양이와 음악과 채소 이야기가 아무래도 많다. 역시 좋아하는 것에 대해 쓰는 것은 즐거우니까. 기본적으로 싫어하는 것, 좋아할 수 없는 것에 대해서는 되도록 생각하지 않기로, 쓰지 않기로 마음먹고 있다. 읽는 분들 역시 '이런 건 진짜 싫다. 짜증난다' 하는 문장보다 '이런 글 진짜 좋다. 쓰다보면 즐거워진다' 하는 문장 쪽이 읽고 나서 즐거우시죠? 으음, 그렇지도 않으려나? 잘 모르겠다.

어쨌든 나는 채소를 좋아한다. 여자도 꽤 좋아하지만, 여자에 대해 쓰기 시작하면 뭔가 곤란한 얘기도 나오므로(하고 슬쩍 뒤를 돌아본다), 아무래도 제한이 있다. 그런 점에서 채소는 마음 편하고 좋다.

스무 살 때, 여름방학을 맞아 혼자 긴 도보여행을 했다. 배낭은 무거웠고 그 여름의 호쿠리쿠는 터무니없이 더웠지만, 옛날부터 먼 거리를 혼자 걷고 뛰고 하는 걸 좋아해서(그것도 역시 애호하는

것 중 하나입니다) 전혀 힘들지 않았다.

그런데 어느 날 오후, 노도 반도의 시골길을 걷는데 밭에서 일하던 아저씨가 나를 불러 세우더니, "이 토마토 맛있으니 먹어보렴" 하고 거기서 방금 딴 큼직한 토마토를 세 갠가 네 개 건네주었다.

이야, 그 토마토 정말로 맛있더군요. 물론 한창 더울 때라 목이 말랐던 탓도 있겠지만 자연의 향, 충분한 수분감, 아삭한 식감, 아름다운 색, 어느 것도 내 생애 최고의 토마토였다. 태양의 냄새가 심지까지 아낌없이 배어 있었다.

그러나 그 맛 이상으로 내 속에 '좋은 토마토'로 지금도 생생하게 남아 있는 것은 아저씨가 자신이 키운 토마토에 긍지를 갖고, 그 신선한 성과를 나—새까맣게 그을린 대갈장군에 지저분한 차림을 한 변변치 못한 대학 2학년생—와 나누고 싶다고 생각해준 것이었다. 뙤약볕 아래를 걸으면서 그 토마토를 우적우적 통째 먹으니, '세상에 이렇게 살아 있는 것도 그리 나쁘지 않네' 하는 실감이 들었다.

토마토를 다 먹었을 즈음, 버스가 지나가서 손을 들어 탔다. 버스 안 라디오에서는 고시엔 고교야구 중계가 나오고 있었다. 같이 탄 승객 전원이 숨을 삼키며 열심히 귀를 기울이고 있었다. 미자와 고교의 에이스인 오타 고지가 결승전에서 18회를 혼자 던졌으나 0대 0인 채로 승부가 나지 않아서 그다음 날 열린 재시합이었다.

전설의 명시합으로 지금까지 회자되고 있지만, 나는 텔레비전과도 라디오와도 무연한 여행을 하고 있어서 그런 상황인 줄은 꿈에도 모르고, '오오, 다들 고교야구를 정말 열심히 청취하네' 하고 감탄했다. 나중에야 자세한 사정을 알았다.

그래서 지금도 신선한 토마토를 보면 그 버스와 오타 고지 군이 생각난다. 1969년의 얘기입니다만.

 그리스에 살 때 자주 먹었던 '그리스식 샐러드'의 토마토에서도 태양의 냄새가 났었지.

야자수   문제

야자수에 대해 전부터 의문점이 한 가지 있었다. 어째서 야자수는 그렇게 크지 않으면 안 되는가 하는 것이다. 물론 높은 곳에 있는 편이 누군가에게 열매를 도둑맞지 않아서 좋겠지만, 그렇게까지 껑충하게 클 필요는 없지 않나 싶다. 그렇게 크면 뿌리를 탄탄히 뻗어야 할 테고, 그럼에도 큰 태풍에 뚝 부러지는 일도 있을 테고…….

그런저런 생각에 잠겨 있다가, 요전에 무역풍에 기분 좋게 흔들리는 야자수를 멍하니 바라보던 중에 퍼뜩 어떤 생각이 떠올랐다. 물론 그렇게 대단한 명제도 아니지만, 자기 머리로 어떤 결론에 도달한다는 것은 기분 좋은 일이다. 아르키메데스나 뉴턴의 기분을 알겠다, 라고까지는 말하지 않겠지만.

내가 생각한 가설은 이런 것이다. 야자수 열매는 크고 무거워서 바람에도 떨어지지 않고 벌레나 새한테 먹히지도 않는다. 그래서 그대로라면 발밑에 뚝 떨어져서 그곳에 싹이 틀 수밖에 없고, 그것

은 곧 엄마 야자수의 생존을 위협하게 된다. 그러니까 야자수 입장에서는 그 열매를 되도록 멀리 보낼 필요가 있다.

야자수는 그 사실을 염두에 두고(정말로 염두에 두었는지 어쨌는지는 잘 모르겠지만), 그루를 되도록 높고 부드럽게 해서 바람이 불면 휘청거리며 흔들리다 그 원심력으로 열매를 멀리까지 쓩 날려 버리기로 했다. 그래, 생물은 종자를 보존하기 위해 참으로 여러 가지 생각을 하는구나, 하는 생각이 퍼뜩 들었다.

물론 이것은 내가 문득 떠올린 가설일 뿐, 학문적으로 옳은지 어떤지는 모른다. 인터넷에서 야자수에 대해 이래저래 조사해보았지만, '왜 야자수는 키가 큰가요?' 같은 문제는 전혀 화제에 오르지 않았다. 아무도 그런 것을 일일이 진지하게 생각하지 않을 것이다. 어쨌든 '인터넷은 정말로 알고 싶은 것은 모른다'라는, 전부터 내가 주장하던 것이 또 증명된 셈이다.

조사해보니 호놀룰루 시내에 심은 야자수의 태반은 열매가 열리지 않는 야자수라고 한다. 딱딱한 열매가 날아와서 사람한테 툭 떨어지면 크게 다칠 것이고, 그렇게 되면 시에서 거액의 배상금을 지불해야 하니 무과실수로 바꿔 심었다는 것이다. 물론 안전이 무엇보다 중요하지만 뭔가 좀 시시하다.

그런데 인터넷을 하다 이런 글을 보았다. 태어난 아이 이름을 '椰子(야자)'라고 쓰고 '코코넛'이라고 읽고 싶다는 임신중인 여성의 글이었다. '그렇게 이름을 짓는다고 하니 남들이 비난해서 열받는다'라는 것이다. 물론 자기 자식에게 자기 마음에 드는 이름을 지어주는 것은 부모의 권리로, 이러니저러니 말을 거들 생각 전혀 없지만, 그렇다 해도 으음, 열받고 열받지 않고로 간단히 세상을 이분해버리는 건 좀…… 하는 생각은 들었다. 이것도 생각하기 시작하니 꽤 어려운 문제군요.

 이 년 동안 계속한 이 연재도 이번 글로 끝입니다. 정말로. '코코넛짱'은 어떻게 되려나?

후기

　이 년 전 〈앙앙〉에서 무라카미 하루키 씨의 에세이 연재가 재개(십 년 전에 일 년간 연재)되었습니다. 그리고 이 년 동안의 연재도 올해 3월로 끝났습니다.
　나는 지난번에 이어 또 삽화를 맡았습니다. 작년 여름에는 한 해분의 에세이가 《채소의 기분, 바다표범의 키스_두번째 무라카미 라디오》라는 제목으로 단행본으로 출간되었습니다. 올해도 그 다음 일 년 동안의 에세이가 이 《샐러드를 좋아하는 사자_세번째 무라카미 라디오》로 단행본화되었습니다.
　무라카미 라디오 삽화에 대해 잠시 얘기를 드리고 싶습니다. 삽화는 동판화입니다. 9센티미터×9.5센티미터의 동판에 니들이라는 끝이 뾰족한 금속 막대기로 긁어내듯이 그림을 그리면(드라이포인트기법), 프린트 담당 전문기사가 인쇄해줍니다.
　메일로 받은 원고를 출력하여 여러 번 읽은 다음 몇 장이고 러프 스케치를 해서, 그중에서 밑그림을 골라 카본지를 깔고 동판에 옮깁니다. 동판화는 종이를 적셔 전사(인쇄)하기 때문에 마르지 않으면 〈앙앙〉에 보낼 수 없습니다. 다 말라 잉크가 종이에 정착하면 보냅니다.

시간이 걸리는 판화는 주간지 연재에 적합하지 않습니다만, 무라카미 씨가 일 개월분의 에세이를 한꺼번에 주시기 때문에 별다른 어려움 없이 판화 작업을 할 수 있었습니다.

그리고 인쇄도 훌륭했습니다. 그림이 유치한데도 실력 있는 기사님이 맡아준 덕분에 삽화를 계속할 수 있었습니다. 좋은 일을 맡겨주셔서 행복했습니다. 무라카미 씨에게 새삼 감사드립니다. 즐거운 작업 정말 고마웠습니다.

작년 출간 때, 몇 군데에서 취재를 의뢰받았는데, "독자보다 먼저 무라카미 씨 원고를 읽을 수 있어 좋으셨겠어요. 어떠셨어요?" 하는 질문이 많았습니다. 실은 저는 어느 장면을 그림으로 할지 생각하면서 읽느라 무라카미 씨의 원고를 독자로서 충분히 즐기지 못했습니다. 그런데 끝날 때가 가까워질수록 독자로서 재미를 맛보며 읽게 되더군요. 이 책이 완성되면 일을 떠나 다시 읽어볼 생각입니다. 기대가 큽니다.

  무라카미 씨의 책 후기를 제가 쓰다니, 외람된 일이어서 몸 둘 바를 모르겠습니다.
  다시 한번 무라카미 씨, 디자인 담당 가사이 가오루 씨, 마스다 유다카 씨, 〈앙앙〉 편집부의 구마이 마히로 편집장, 미야가와 요이치 씨, 군지 마리코 씨, 그리고 단행본 편집부의 데쓰오 슈이치 편집장, 전문기사인 시라이 요시오 씨에게 감사드립니다.

오하시 아유미

그림_ 오하시 아유미 大橋 步

1940년 미야기 현에서 태어나 다마 미술대학을 졸업했다. 1964년 주간 〈헤이본 펀치〉의 표지 일러스트로 데뷔한 이래 잡지, 단행본, 광고 등 다양한 분야에서 활동하고 있다. 특히 살림이나 생활 전반에 관련된 일러스트 및 에세이로 세대를 불문하고 여성은 물론 남성 독자에게도 지지받고 있다. 2002년부터는 잡지 〈아르네〉를 창간, 기획에서 취재·편집·촬영에 이르기까지 전방위적으로 활약하고 있다.

옮김_ 권남희 權 南 姬

일본문학 전문 번역가. '무라카미 라디오' 시리즈를 비롯해 우타노 쇼고의 《봄에서 여름, 이윽고 겨울》, 미우라 시온의 《배를 엮다》, 덴도 아라타의 《애도하는 사람》, 온다 리쿠의 《밤의 피크닉》, 기리오 나쓰오의 《부드러운 볼》 등 다수의 작품을 우리말로 옮겼고, 《길치모녀 도쿄헤매記》 《번역에 살고 죽고》 《번역은 내 운명(공저)》 등을 썼다.